Diät für Magen- und Darmkranke

Von Dr. med. Kurt Bieling †
Facharzt für innere Leiden

81.–86. Auflage

Bruno Wilkens Verlag KG · Bad Bevensen

Printed in Germany

ISBN 3-87912-047-1

Vorwort

Die Abhängigkeit der Gesundheit und körperlichen und geistigen Leistungsstärke des Menschen von der Ernährung ist heute anerkannt. Die Erkenntnis der Vorrangstellung der letzteren auch für die Heilung von Gesundheitsstörungen bricht sich ebenfalls sowohl in ärztlichen wie in Laienkreisen mehr und mehr Bahn. Daraus ergibt sich die Notwendigkeit einer sachgemäßen Aufklärung über Ziel und Weg der Ernährungsbehandlung vor allem für den Kranken und seine zur Pflege heranzuziehende Umgebung. Bedarf es doch zur richtigen Durchführung der vom Arzte gegebenen Vorschriften gewisser theoretischer und praktischer Kenntnisse und Fertigkeiten, die über das Maß der üblichen Kochkunst von Hausfrau oder Köchin hinausgehen.

Dem Wunsche des Verlages nach der Ausarbeitung von Richtlinien für die Diätbehandlung von Magen- und Darmkrankheiten, der sich mit dem berechtigten Verlangen auch aus Patientenkreisen begegnet, komme ich gern nach. Ich übergebe dieses Heft, das aus einer jahrzehntelangen Sanatoriumsdiätpraxis herausgewachsen ist, der Öffentlichkeit in der Hoffnung, daß es dazu beitragen möge, die Durchführung einer rationellen Diätbehandlung in der Häuslichkeit zu erleichtern, dem aus klinischer Behandlung entlassenen Kranken den Übergang zu erleichtern und die weitere Durchführung einer zweckmäßigen häuslichen Diätbehandlung zu gewährleisten, die ja oft erst mit der Länge der Zeit zur Heilung führen kann.

Dabei soll das Büchlein kein „Arztersatz", keine Anleitung zur Selbstbehandlung sein, die nur zu leicht zur Pfuscherei führt.

Es soll dem Arzte im Gegenteil nur seine hier besonders schwierige Aufgabe erleichtern und dem Kranken helfen, die Anordnungen des Arztes zu verstehen, sie richtig durchzuführen und damit auch erfolgreich zu gestalten.

Inhalt

Vorwort 3
Einleitende Vorbemerkungen 7

I. Teil

Vorbemerkungen über die Ernährung 9
Die Vorgänge der Verdauung 11
Diätbehandlung 12
Küchentechnik 12

II. Teil

Spezielle Diätvorschriften für Magenkranke 18
Form M 1 für entzündliche Reizung der Magenschleimhaut (akuter Magenkatarrh) 19
Form M 2 für chron. Magenkatarrh mit Salzsäureüberschuß 20
Form M 3a für chron. Gastritis mit Salzsäuremangel 23
Form M 3b für Magenreizkost 24
Form M 4 für Schwäche der Magenmuskulatur, Magenerweiterung usw. 28
Form M 5 für Magen, Zwölffingerdarmgeschwür 31

III. Teil

Spezielle Diätvorschriften für Darmkranke 37
Form D 1 für akuten Darmkatarrh 37
Form D 2 für chronischen Darmkatarrh 39
Form D 3 für Gährungskatarrh 42
Form D 4 für Fäulniskatarrh 44
Form D 5 für chronische Verstopfung 46

Diät und Mangelernährung 50

Kochrezepte 53

Einleitende Vorbemerkungen

Bei der Anwendung der Diätbehandlung in der Praxis ergeben sich zwei Forderungen:

An den Arzt die der hinreichenden Beherrschung der Ernährungslehre und -therapie und der zeitlichen Möglichkeit, den Kranken oder das Pflegepersonal hinreichend über die Grundsätze der in Betracht kommenden Ernährungsform und über die küchenmäßige Fertigstellung der Speisen zu unterrichten.

An den Kranken selbst oder seine Umgebung die der Fähigkeit, auf Grund der gegebenen Vorschriften des Arztes die Ernährung auch technisch durchführen zu können.

Die Erfüllung der ersten Aufgabe geht über die im Rahmen der Sprechstunde gegebenen Möglichkeiten vielfach hinaus.

Eine kurze, mündliche Erörterung genügt nicht, sie muß zum mindesten durch eine schriftliche Fixierung ergänzt werden.

Es kommt hinzu, daß die neuzeitlichen Anschauungen über Ernährung des gesunden und kranken Menschen sich sehr weitgehend geändert haben, noch lange nicht zum Gemeingut geworden und vielfach durch allerlei einseitige, oft verschrobene und kritiklos verallgemeinerte Ideen von Fanatikern und Wunderaposteln auf Abwege geraten sind. Das vorliegende Büchlein schildert in Kürze die wichtigsten Störungen der Verdauungsorgane und bringt die entsprechenden Kostpläne und Kochvorschriften zusammen mit allgemeinen Richtlinien, die den Sinn der Verordnungen erklären und den Kranken und seine Umgebung zu verständnisvoller Mitarbeit anleiten sollen. Die jedesmaligen Verordnungen können von dem Arzt durch Unterstreichen festgelegt werden. Für handschriftliche Ergänzungen und Erläuterungen, zusätzliche medikamentöse und physikalische Verordnungen und für die Aufzeichnung von Körpergewicht, Temperatur, Zahl und Art der Ausleerungen und dergleichen mehr während der Behandlungszeit ist Raum vorgesehen.

Hervorzuheben ist, daß die Durchführung dieser Ratschläge und Vorschriften an das Vorhandensein gewisser Kochkenntnisse und entsprechender einfacher technischer Hilfsmittel in der Küche geknüpft ist. Bedingung ist auf seiten des Kranken der Wille, sich erforderlichen Einschränkungen konsequent zu unterwerfen, auf seiten der Pflegenden die nötige Autorität dem Kranken gegenüber, um die gegebenen Vorschriften auch im Rahmen der Häuslichkeit durchzuführen. Nur unter diesen Voraussetzungen ist die Durchführung einer häuslichen Ernährungsbehandlung möglich. Anderenfalls gehören ernsthaft Magen- und Darmkranke in die klinische Behandlung eines Krankenhauses, das über eine gute Diätküche verfügt, in eine Magen-Darm-Klinik oder in ein Diätsanatorium.

Die Entscheidung hierüber ist Sache des Arztes auf Grund seiner Kenntnis des Krankheitsfalles und der häuslichen Verhältnisse des Kranken selbst. Ausschlaggebend wird hierbei neben der Art und Schwere der Erkrankung die Persönlichkeit des Kranken sein. Die klinische Anstalt mit dem suggestiven Milieu, der Konsequenz des geschulten Pflegepersonals und der Autorität des Arztes, der Möglichkeit der jederzeitigen Änderung von gegebenen Anordnungen auf Grund täglicher Beobachtung, dem Vorhandensein eines erfahrenen Diätkoches bzw. einer namentlich auch im praktischen Kochen bestausgebildeten Diätassistentin oder Diätküchenleiterin erleichtert die Durchführung unserer Behandlungsmaßnahmen und besonders die Durchführung einer einschränkenden oder oft notgedrungen einförmigeren Ernährungsweise.

I. Teil

Vorbemerkungen über die Ernährung

Zum Verständnis der folgenden Vorschriften für die Ernährung von Magen- und Darmkranken seien ein paar allgemeine Vorbemerkungen vorangesetzt [1]).

Aufgabe der Ernährung ist einerseits der Aufbau und die Erhaltung der Körpersubstanz, andererseits die Erzeugung von Wärme und Kraft, um den in den verschiedensten Breitegraden gleichmäßig bleibenden Wärmegrad des Körpers (37 Grad Celsius) zu erhalten und Arbeit leisten zu können. Hierfür bedürfen wir im wesentlichen der Zufuhr von 1. Eiweiß und 2. von Kohlehydraten und Fetten. Außerdem verlangt der Körper ständig Wasser, Mineralstoffe und Ergänzungsstoffe, sog. Vitamine.

Die in Form von Speisen und Getränken eingenommenen Nahrungsmittel werden küchenmäßig durch Zerkleinern, Aufweichen, Kochen, Braten u. dgl. vorbereitet, um so gewisse geschmackliche Veränderungen herbeizuführen und die Speisen für die Vorgänge der Verdauung leichter zugänglich zu machen. Letztere erfolgt durch die Verdauungssäfte des Magen-Darmkanals und der Verdauungsdrüsen (Speichel, Magensaft, Galle, Saft der Bauchspeicheldrüse usw.) sowie durch die mechanische Bearbeitung, die die Speisen innerhalb des Magen-Darmkanals erfahren. Die in den Nahrungsmitteln enthaltenen Nahrungsstoffe werden dabei so weit umgewandelt, daß sie in gelöstem Zustande in den Körperkreislauf aufgenommen werden können. Dort werden sie verbrannt (Mehlstoffe, Kohlehydrate), aufgespeichert (Fett, Zucker, sog. Glykogen) oder zum Ersatz der dauernd verbrauchten Körpersubstanz verwandt.

---

[1]) Eine eingehende Darstellung findet sich in Bieling: „Heilung von Magen- und Darmkrankheiten“, Verlag Wilkens, Hannover. Kap. 2. Die Grundlagen der menschlichen Ernährung.

Wir entnehmen unsere Nahrungsmittel dem Tier- und Pflanzenreiche und sehen in einer „gemischten Kost", die also sowohl tierische wie pflanzliche Grundsubstanzen enthält, für den Menschen unserer Breiten die gebräuchlichste und zweckmäßigste Dauerkost. Aber auch eine rein pflanzliche Kost kann, namentlich unter Hinzufügung gewisser Nahrungssubstanzen, die nicht vom toten, sondern vom lebenden Tiere stammen (Milch, Butter, Käse, sog. lactovegetabile Kost), auch als Dauerkost in richtiger Form gereicht in vielen Fällen, namentlich auch als Krankenkost, zulässig sein. Reine Rohkostnahrung, die lediglich aus ungekochten, pflanzlichen Grundsubstanzen besteht, sehen wir für den Menschen unserer Zeit und unserer Breiten nicht als ausreichende Dauerkost an, wohl aber ebenfalls eine in vielen Krankheitsfällen wichtige Kranken- bzw. Heilkost.

Die Mineralstoffe oder Salze (nicht zu verwechseln mit dem Kochsalz, dessen Bezeichnung als „Salz" eigentlich ein sprachlicher Fehler ist) sind in allen Körpersäften und -zellen in einer ganz bestimmten Konzentration enthalten, werden ständig gebraucht und auch verbraucht und ausgeschieden und müssen dem Körper deswegen ständig erneut zugeführt werden. Ihre Hauptquelle sind die pflanzlichen Nahrungsmittel, die aber nicht durch einen falschen Kochprozeß (Abwellen und Fortgießen des Wellwassers) ausgelaugt werden dürfen. Der notwendige Ersatz verbrauchter Mineralstoffe bedingt darum die Notwendigkeit ausreichender Zufuhr pflanzlicher Nahrungsmittel.

„Vitamine", d. h. lebenswichtige „Amine" (d. h. Stickstoffverbindungen, eine Bezeichnung, die an sich irrig ist, weil es auch Vitamine gibt, die keinen Stickstoff enthalten), oder „Ergänzungsstoffe" sind organische Verbindungen, deren der tierische Organismus bedarf, um die Erhaltung und Vermehrung der Zellsubstanz zu ermöglichen und die normale Funktion der Organe zu gewährleisten (Stepp). Der Mensch entnimmt die Vitamine zum großen Teile der Pflanzenwelt oder deckt sie aus den tierischen Nahrungsmitteln auf indirektem Wege. Selbstaufbauen kann er Vitamine nicht.

Die von mir als Dauernahrung empfohlene richtige gemischte Kost enthält ausreichende Mengen aller erforderlichen Vitamine, nicht aber die vielfach noch heute übliche Kost, namentlich nicht das übliche Restaurationsessen. Durch Vitaminmangel entstehen Krankheitszustände. Andererseits ergeben sich bei gewissen Krankheiten durch mangelhafte Arbeit der Organe, selbst bei genügender Vitaminzufuhr, Zustände von Vitaminmangel. Das ist namentlich bei manchen Magen-Darmkrankheiten der Fall. Häufiger ist Vitaminmangel auch die Folge gewisser einschränkender Ernährungsformen (Magengeschwürsdiät). Hieraus folgt die Notwendigkeit der Zufuhr von Vitaminen in Substanz bei diesen Krankendiäten.

Die Vorgänge der Verdauung

Der Verdauungsakt beginnt im Munde mit der Zerkleinerung und Durchspeichelung des Bissens beim Kauen. Hierdurch wird die unlösliche Stärke der Nahrungsmittel mit Hilfe des Sekretes der Speicheldrüsen in lösliche Stärke bzw. Zucker verwandelt. Mittels des Schluckaktes wird der Bissen durch die Speiseröhre hindurch in den Magen befördert. Hier unterliegt er der Einwirkung des Magensaftes, bestehend aus Salzsäure und Pepsin, die die Verdauung der Eiweißkörper besorgen oder (durch das Labferment) das Milcheiweiß in ein flockiges Gerinnsel (Käse) umwandeln. Durch die Tätigkeit der Magenmuskulatur gelangt der Speisebrei durch den Magenpförtner hindurch in den Darm. Dort vermischt er sich mit den Sekreten der Darmdrüsen, der Bauchspeicheldrüse und der Leber, mit deren Hilfe unter gleichzeitigem Weitertransport des Darminhaltes die restlose Verdauung von Kohlehydraten, Eiweiß und Fett erfolgt. Im Dickdarm werden alsdann durch die Tätigkeit der Darmbakterien die unverdaulichen, holzigen Bestandteile des Nahrungsbreies, die aus den eingenommenen Vegetabilien herstammen, abgebaut, bis schließlich der Darminhalt eingedickt als Kot auf dem Wege durch den Mastdarm und den After den Körper verläßt.

Die Aufnahme des für die Verdauungsvorgänge erforderlichen Wassers erfolgt teils in Form von Getränken, teils mit den festen Nahrungsbestandteilen, die zu 70 bis 90 % aus Wasser bestehen.

Zur Erkrankung des Magen- und Darmkanals kommt es durch den Genuß von unzweckmäßig zusammengesetzten bzw. zubereiteten oder verdorbenen Nahrungsmitteln, durch Überladung des Magens mit übermäßigem Essen und Trinken[2]), durch mechanische Reizung

---

[2]) In dieser Hinsicht bedeutet eine zeitbedingte knappe Ernährung für viele unserer Magen-Darmkranken schon eine sehr rationelle „Diätbehandlung".

infolge von mangelhafter Zerkleinerung der Speisen beim Kauen („Schlingen", Gebißfehler!), durch Genuß von zu heißen oder zu kalten Speisen, durch unregelmäßige Nahrungsaufnahme. Allgemeinerkrankungen, Erkrankungen des Blutes, Infektionskrankheiten wie Tuberkulose, Typhus, Erkrankungen der Leber, der Bauchspeicheldrüse können sekundär ebenfalls Erkrankungen von Magen und Darm herbeiführen. Nervöse und seelische Einflüsse (Sorgen und Kummer, Aufregungen aller Art, Unruhe bei der Nahrungsaufnahme) sind schließlich häufig die Ursache von Magen- und Darmkrankheiten. Überreichlichen Genuß von Alkohol, Tabak und Kaffee, die zu Reizzuständen der Schleimhaut und zu Störungen der Drüsentätigkeit führen, will ich nicht unerwähnt lassen.

Magen- und Darmerkrankungen äußern sich in Störungen des Nahrungsbetriebes, der normalen Magen- und Darmbewegungen oder der Absonderung der Verdauungssäfte. Sie führen dementsprechend zu Aufstoßen, Erbrechen, Appetitmangel, Verminderung oder Steigerung der Salzsäuresekretion, zu beschleunigter (Durchfälle) oder verzögerter Darmentleerung (Verstopfung) mit ihren Folgezuständen, der mangelhaften Ausnutzung der Nahrungsmittel, der Störung der Nahrungsaufnahme, der Abnahme des Körpergewichtes.

Diätbehandlung

Die Ernährung von Magen- und Darmkranken verlangt zunächst eine richtig zusammengesetzte, den im Vorangegangenen geschilderten Bedingungen vollauf entsprechende Nahrung. Außerdem besteht die Aufgabe der Ernährung darin, sich den krankhaften Bedingungen nach Möglichkeit anzupassen. Letzteres geschieht in Form der „Schonung" bei Reizzuständen oder der „Übung" bei Erschlaffungs- und Lähmungszuständen (z. B. Verstopfung).

Küchentechnik

Eine wichtige Aufgabe fällt bei der Diätbehandlung der Küchentechnik zu. Sie soll die an sich vielfach geschmacklosen, ohne Vorbereitung für die Verdauungsorgane des Menschen (Kauakt, Verdauungssäfte von Magen und Darm) nicht genügend angreifbaren Nahrungsmittel für die Verdauungsvorgänge vorbereiten und daraus für den Gesichts-, Geruchs- und Geschmackssinn wohlgefällige Speisen herstellen. Diese sollen dem Appetit, dem Hunger, dem jeweiligen Zustande von Magen und Darm entsprechend lecker angerichtet sein, nichts enthalten, was vom Arzte nicht erlaubt wäre, dem Körper aber alles zuführen, was er braucht. Sie sollen ferner nach Möglichkeit auch der persönlich-individuellen Geschmacksrichtung des Kranken entsprechen. Selbstverständlich soll nur allerbestes, frisches, hygienisch einwandfreies Rohmaterial unter Berücksichtigung der materiellen Lage des Kranken Verwendung finden.

Es heißt das keineswegs, daß dem Kranken nur Leckereien vorgesetzt werden sollen. Eine verständige, bürgerliche Küche wird — selbst unter eventuell erschwerenden Bedingungen — durchaus in der Lage sein, den zu stellenden Anforderungen zu genügen. Immerhin wird je nach der sozialen Lage des Kranken und seinen Ernährungsgewohnheiten doch ein gewisser Unterschied gemacht werden müssen und fordern die Rücksicht auf die mangelhafte Leistungsfähigkeit des Magen- und Darmkanals, die Störung der von seelischen Zuständen besonders stark abhängigen Absonderung der Verdauungssäfte, mangelnde Eßlust, gewisse Äußerlichkeiten, insbesondere in der Art der Zurichtung, in dem Wechsel der Speisen, die oft über das normale Maß des Alltäglichen hinausgehende Anforderungen an die Küchentechnik der Hausfrau stellen. Wo dieses Können und die erforderlichen Einrichtungen versagen, bleibt dann nur der Ausweg des für eine Diätbehandlung eingerichteten Krankenhauses, einer entsprechenden Klinik oder des Diätsanatoriums, die in der Lage sind, den Erfordernissen einer rationellen Diätbehandlung je nach ihrer Klientel in Form einer „Gruppen- oder Massenverpflegung", die diätetisch eingestellt ist, oder einer die persönlichen Geschmacksrichtungen berücksichtigenden „Individualverpflegung" zu genügen.

Unter allen Umständen müssen wir folgendes fordern: Frische Rohmaterialien in bester Qualität, keine Surrogate, schonendes Kochen, kein „Zutodekochen", wobei die Vitamine zum großen Teil verlorengehen, kein Abbrühen der Gemüse, sondern möglichst Dämpfen, Dünsten oder Wellen im eigenen Saft, Sparsamkeit mit Kochsalz, soweit dasselbe nicht verboten ist, dem Krankheitsfalle angepaßte Verwendung von Gewürzen bis zur völligen Vermeidung derselben, appetitliches Anrichten unter Erhaltung der der betreffenden Speise entsprechenden Wärme, Abwechslung in der

Wahl der Speisen, Einhaltung der nötigen Ruhe bei der Nahrungsaufnahme und sorgsames Kauen.

Eine alte Grundregel heißt: „Gut gekaut ist halb verdaut" und „Mundpüree" ist immer besser als „Küchenpüree". Darum vor allem für gutes Kauvermögen sorgen! Kranke Zähne behandeln, fehlende ersetzen lassen, namentlich bei chronischen Magen- und Darmkrankheiten!

Meine Diätvorschriften sollen kein „Kochbuch" im üblichen Sinne sein, sie setzen die Kochkenntnisse der erfahrenen Hausfrau voraus. Immerhin erscheint es mir erforderlich, für gewisse Diätspeisen Rezepte hinzuzufügen, die von meinem, in unserer Diätküche wohlerfahrenen Diätkoch ausgearbeitet und erprobt sind. Ich denke, daß sie den Verhältnissen des Haushaltes angepaßt, einer einigermaßen tüchtigen Hausfrau die Grundlagen geben können, um unseren Anforderungen entsprechende Diätspeisen herzustellen[8]).

Die Kochsalzfrage

Die zur Herstellung unserer Speisen verwandten Nahrungsmittel enthalten in ihrer Gesamtheit schon von Natur eine ausreichende Menge Kochsalz, so daß ein Nachsalzen, um Kochsalzverlusten vorzubeugen, an sich nicht erforderlich wäre. Traditionell dient der Kochsalzzusatz dazu, um etwas „faden" Speisen einen herzhafteren Geschmack zu geben. Der Gebrauch ist deswegen zum großen Teile eine Sache der Gewohnheit und wird häufig übertrieben. Hierdurch kommt es unter Umständen zu Schädigungen verschiedener Organe, insbesondere des Gefäß- und Nierenapparates. Starker Kochsalzzusatz bringt ferner Durst hervor, verleitet damit zu unnötigem Trinken und veranlaßt Wasserspeicherung in den Körpergeweben und eine vermehrte Belastung des Herzens.

Für den Magen- und Darmkranken empfiehlt sich im allgemeinen — soweit nicht ärztlich der Kochsalzzusatz verboten ist —, eine starke Einschränkung desselben. Die Verwendung zu reichlicher

[8]) Vieles wird von Zeit zu Zeit infolge besonderer Verhältnisse nicht darstellbar sein, immerhin aber werden an Hand der gegebenen Vorschriften und Richtlinien sich doch ausreichende Ausweichmöglichkeiten ergeben, um den krankheitsbedingten Anforderungen zu genügen.

Kochsalzmengen ist ein Zeichen fehlenden Könnens und dient zum Verdecken schlechten Geschmackes bei nicht einwandfreiem Rohmaterial.

Zitronensaft oder Essig?

Zur Bereitung von Salaten u. dgl. ist die kritiklose Anwendung des Zitronensaftes nicht immer erforderlich. Ein guter Weinessig schmeckt besser und ist in vielen Fällen mindestens ebenso bekömmlich.

Brotfrage

Brot in Gestalt eines vollwertigen, aus hochprozentig ausgemahlenen Mehlen hergestellten Vollkornbrotes soll einen Hauptbestandteil unserer Nahrung bilden. Es ist ohne weiteres gestattet da, wo eine Belastung von Magen und Darm erlaubt oder geboten ist (Reizkost!). Aber auch in anderen Fällen wird es oft besser vertragen als theoretisch angenommen werden kann, so daß oft evtl. ein vorsichtiger Versuch durchaus gestattet ist, ebenso wie mit Schrotbrot und Graubrot. Wenn tatsächlich die genannten Brotsorten nicht vertragen werden, muß wohl oder übel Weißbrot, evtl. altbacken oder geröstet, in Form von Toast verwendet werden, trotzdem ihm wichtige Bestandteile fehlen (Mineralstoffe, hochwertige pflanzliche Eiweißstoffe, Vitamin B[4]).

Fleisch

Wir unterscheiden dunkles und weißes Fleisch. Das dunkle Fleisch ist grobfaseriger, enthält stärkeres Bindegewebe und ist deswegen schwerer verdaulich. Weißes Fleisch (Kalb, Huhn, Taube) ist zarter, stellt an die Verdauungskraft des Magens geringere Ansprüche und ist zu bevorzugen da, wo eine Schonung der Magenschleimhaut erforderlich ist. Allerdings ist ein altes, zähes Suppenhuhn weniger zuträglich als ein zartes Filet von einem jungen Rind oder selbst ein zartes Schweinefilet.

Fleisch soll nicht frisch geschlachtet verbraucht werden, sondern im Kühlraum gut abgehangen sein. Hierdurch werden die Fasern

---

[4]) Vollkornbrot ist der wichtigste Träger des Vitamins B I, durch das der Kohlehydratstoffwechsel geregelt wird.

aufgelockert und für die Verdauungssäfte besser angreifbar gemacht. Durch Schmoren, Rösten und Braten, besonders „paniert", werden Geschmacksstoffe und Geruchsstoffe in der Kruste gebildet, die säurelockend auf die Magendrüsen wirken. In allen Fällen von vermehrter Säurebildung kommt deswegen nur gekochtes oder gedämpftes Fleisch zur Verwendung.

Wild enthält reichlich sog. Extraktivstoffe, die säurelockend wirken, und ist aus diesem Grunde bei Säureüberschuß ebenfalls zu vermeiden

Fisch

Beim Fisch unterscheiden wir magere und fette Fische. Für den Magen-Darmkranken geeignet sind nur die mageren Fische. Die fetten Fische (Aal, Lachs, Karpfen) sind verboten. Ob gekocht, gedämpft oder gebraten richtet sich nach denselben Regeln wie beim Fleisch.

Gemüse

Gemüse dürfen im allgemeinen nicht abgewellt werden, weil sonst die wicntigsten Mineralstoffe und Vitamine zum Teil in das Wellwasser übergehen und mit diesem weggeschüttet werden. Etwa herauskochende Flüssigkeit soll für die Herstellung von Suppen oder Soßen Verwendung finden. Lediglich bei sehr streng schmeckenden Gemüsen kann ein kurzes Überbrühen gestattet werden. Wir unterscheiden die an unverdaulichen Gerüstoffen armen, sog. feinen Gemüsearten (Spinat, Kochsalat, Kaiserschoten, Prinzeßbohnen, Karotten, Schmorgurken, Blumenkohlröschen, Spargel, besonders Spargelköpfe) und die gröberen, ballastreichen Gemüse (Kohlarten, Sellerie, Teltower Rübchen, Kohlrüben). Wo eine Schonung des Magens bzw. Darmes angezeigt ist und Neigung zu Blähungen besteht, beschränken wir uns möglichst auf die feinen Gemüsearten, je nach Lage des Falles und Anordnung des Arztes püriert oder unpüriert. Sauerkraut ist dagegen leicht verdaulich, sofern es nicht mit viel Fett gekocht (Diätsauerkraut) oder roh gegeben wird.

Zusatz von Mehl und Fett erschwert die Verdauung. Im allgemeinen empfiehlt es sich, erst beim Anrichten etwas frische Butter zuzufügen. Auch bezüglich der Bekömmlichkeit des Gemüses geht die Praxis oft vor der Theorie und muß ausprobiert werden, welche Gemüsesorten im Einzelfalle bekömmlich oder unbekömmlich sind. Die Unbekömmlichkeit rührt oft nur von dem Genuß zu großer Mengen, von einer falschen Art des Kochens mit zuviel Fett, von den bei der Umstellung auf eine ungewohnte Nahrung unausbleiblichen, leichten Darmstörungen oder einer Änderung der Bakterienflora her. Die daraus folgende vermehrte Gasbildung fällt mit eingetretener Gewöhnung zumeist von selbst fort.

Besonders empfehlenswert ist es, Gemüse lediglich zu dämpfen und evtl. beim Anrichten ein Stück frische Butter aufzulegen.

Kartoffeln

Die Kartoffeln sind neben Brot bzw. Mehl die wichtigste Quelle für Kohlehydrat und das lebenswichtige C-Vitamin. Sie werden am besten gedämpft und bei empfindlichem Magen oder Darm als Kartoffelschnee oder -brei gereicht, eventuell unter Zusatz von entrahmter Milch.

Salate

Kopfsalat, Gurken, Rapunzen, Brunnenkresse werden vorzugsweise roh als Salat mit Weinessig und Öl oder Sahne gereicht. Außerdem eignen sich hierzu die meisten anderen Gemüsearten, die besonders bei der Rohkost (evtl. wie Blumenkohl überbrüht, um versteckte Schnecken und Raupen zu beseitigen) mit oder ohne Mayonnaise Anwendung finden.

Sie sind, wie wir oben gesehen haben, wichtige Träger von Mineralstoffen und Vitaminen, deswegen auch für den Kranken nützlich oder sogar notwendig, evtl. in fein gewiegter Form. Schonkost verlangt allerdings zeitweise völligen Verzicht evtl. unter Ersatz durch Gemüsepreßsäfte, besonders Karotten-, Spinat-, Sauerkraut- und Tomatensaft, hergestellt auf kleinen, auch für den Haushalt geeigneten Maschinen („Rokosta"-Maschine des Alexanderwerks) oder wenigstens Einschränkung. Bei Reizkost sind alle Salate, namentlich die gröberen Sorten besonders erwünscht.

Obst

Früchte aller Art, möglichst in rohem Zustande, sind ein unentbehrlicher Bestandteil jeder Ernährung. Äpfel sollten tunlichst gewaschen und mit der Schale gegessen werden. Wo rohes Obst tatsächlich nicht vertragen wird, kann auch ein Versuch mit frisch auf der Glasreibe geriebenen Äpfeln, frisch gepreßten Obstsäften, oder durch Entkeimung im Bakterienfilter haltbar gemachten Obstmosten — unvergoren — gemacht werden. Trauben werden bei Reizzuständen des Magens, Geschwürsbildung u. dgl. ebenfalls als Preßsaft gegeben.

II. Teil

Spezielle Diätvorschriften für Magenkranke

Die Wahl der Speisen richtet sich, wie oben ausgeführt wurde. in erster Linie nach dem Zustande der Magenschleimhaut und -muskulatur und nach den Sekretionsverhältnissen der Magendrüsen. Bei Reizzuständen der Schleimhaut ist eine mechanisch und chemisch möglichst reizlose Kostform angezeigt, eine sog. „Schonkost" (z. B. bei katarrhalischer Erkrankung — Gastritis). Bei übermäßiger Salzsäureproduktion ist eine diese möglichst wenig steigernde reizlose Kost geboten (schwache Säurelocker). Bei herabgesetzter Salzsäureproduktion oder völligem Fehlen der Säuresekretion ist eine sog. „Reizkost" mit starken Säurelockern zu bevorzugen, soweit nicht gleichzeitig Reizzustände der Magenschleimhaut (anacide Gastritis) bestehen. Die Entscheidung trifft der Arzt auf Grund des Untersuchungsergebnisses der Magenausheberung und Röntgenaufnahme.

Die Geschwürsbildung mit oder ohne Blutung verlangt eine ganz strenge Diätführung, die den besonderen Anforderungen sorgsamst angepaßt sein muß und sich im Rahmen der Häuslichkeit, wenn überhaupt, nur mit besonderen Schwierigkeiten durchführen läßt.

Form M 1.

Kost bei entzündlicher Reizung der Magenschleimhaut
Akuter Magenkatarrh (akute Gastritis)

a) 1 bis 3 Fasttage.

Erlaubt:

Zunächst gekühlter Tee, löffelweise. Bei Verträglichkeit in steigender Menge: Gekühlter, dünner, schwarzer Tee, Kamillentee, Pfefferminztee ohne Zucker. Alsdann 3%ige Traubenzuckerlösung (auf 1 Liter Wasser 2 Eßlöffel Dextropur), Fachinger, Göppinger Sauerbrunnen.

b) Schleimsuppen von Hafermehl, Haferflocken, Gerstengraupen, Reis, anfangs mit Wasser, später mit abgefetteter Fleischbrühe bereitet.

c) Bei Beschwerdefreiheit allmählich fortschreitend folgende Zulagen: Brei von Mondamin, Maizena, Weizenin, Hafer- oder Reismehl, anfangs mit Wasser, später mit entfetteter Fleischbrühe bereitet. Milchbreie aus den gleichen Mehlstoffen, ferner Grieß, Haferflocken, Sago, Reis, anfangs durchgeschlagen, später nicht durchgeschlagen, Zwieback, Röstweißbrot (Toast). Zusatz von Eigelb oder Hefepräparaten zu Suppen oder Breien. Weißes Fleisch gekocht und püriert (Taube, Huhn, Kalb, Kalbsmilch). Später dasselbe leicht gebraten unpüriert. Kartoffelbrei oder -flocken, Karotten-, Spinatpüree, Spargelköpfe, Schotenpüree, Kaiserschoten ganz. Magerer Fisch (siehe vorher) gekocht, später leicht gebraten. Apfelmus, Pfirsichmus, Aprikosenmus. Vorsichtiger Übergang zur Normalkost. Bei Appetitlosigkeit nicht zum Essen nötigen. Der Magen soll geschont werden. Bei Hunger nach etwas „kräftiger" schmeckenden Speisen kann leichter Kochsalzzusatz gestattet werden, sonst zunächst kochsalzfrei.

Besondere ärztliche Verordnungen :

Physikalisch:

Medikamentös:

Form M 2. Kost bei chronischem Magenkatarrh (chronischer Gastritis) mit Salzsäureüberschuß

Magenschonkost

Allgemeine Vorschriften:

Verboten:

Alle Speisen, die den Magen mechanisch (z. B. Graubrot, ballastreiches Gemüse wie Kohl und Kohlrabi), thermisch (sehr heiße oder sehr kalte Getränke und Speisen) oder chemisch (Säurelocker wie Gewürze, geröstetes oder gebratenes Fleisch) reizen.

Erlaubt:

Kochsalz in kleinen Mengen. Als Gewürz gestattet: Deutsche Gewürzpflanzenpulver, Nährhefe, frische Butter, Rahm. Soßen: Gewürzlose, leichte, weiße (holländische) Tunke, leichte Mayonnaise.

Hauptregel:

Langsam essen, gut kauen. Magen nicht überladen. Häufigere kleine Mahlzeiten (4—6mal).

Kostplan:

1. Frühstück:

Dünner, schwarzer Tee, anfangs ohne, später mit Milch oder mit Sahne, Pfefferminztee, Hagebuttentee, „deutscher Tee". Buttermilch, Joghurt. Bei Durchfall Haferkakao, Eichelkakao, ohne Milch gekocht. Zum Süßen: Dulcin, sog. Süßstoff, später Traubenzucker

(Dextropur). Haferflockenbrei anfangs mit Wasser, später mit Milch gekocht, zunächst durchgeschlagen, später nicht durchgeschlagen. Weißbrot: altbackenes, auch Brötchen (Semmel), später frische Brötchen ohne Krume. Knäckebrot D. Butter sparsam. Honig, Gelee, Marmelade, Pflaumenmus, Traubenmus, 1 weiches Ei (3 Minuten).

2. Frühstück:

Falls vom Arzt verordnet, 1 kleine Schüssel Brei (Hafer-, Grieß-, Sago-, Nudel-, Mondamin-, Maizenabrei) ohne, später mit Milch, Brot (siehe 1. Frühstück), wenig Butter.

oder: statt Brei Milch mit Mondamin, Maizena, Weizenin, Kufecke gekocht. 1 auf der Glasreibe geriebener Apfel, als Zusatz nach Wahl: 1 weiches Ei, Gervais, Quark, Lachsschinken, Teewurst, kalter Kalbsbraten, kaltes Huhn, anfangs püriert, später unpüriert.

Mittags:

Suppe, bouillonfrei, schwache Tauben- oder Hühnerbouillon, wenig gesalzen, evtl. mit Ei legiert oder mit Einlage von Grieß, Sago, Graupen, Fadennudeln und ähnlichem.

Fleisch: wenig, zartes Fleisch (Taube, Huhn, Kalb, mageres Schweinefilet), gekocht, später gedünstet und unpaniert gebraten, anfangs püriert, später unpüriert.

Fisch: Magere Fische erlaubt. Gekocht, mit frischer Butter (Forelle, Schleie, Hecht, Zander, Schellfisch, Kabeljau, Seezunge, Rotzunge, Heilbutt, Steinbutt).

Gemüse: Karotten, Mohrrüben, Kaiserschoten, Prinzeßbohnen, Spargelköpfe, Stangenspargel, Blumenkohlröschen, Schmorgurken, Salatgemüse, Spinat, falls nicht Säurebeschwerden verursachend (starker Säurelocker bei vielen Menschen), zunächst gedämpft oder gedünstet, anfangs püriert, bei Bekömmlichkeit unpüriert. Solange noch Störungen vorhanden sind, ohne Butter, später mit frischer Butter, die aber nur am Tisch selbst auf das Gemüse aufgelegt werden darf.

Kartoffeln: Flocken, Brei, später Dampfkartoffeln, Salzkartoffeln.

Nudeln: Fadennudeln, Spaghetti, Makkaroni.

Salat: Zarter Kopfsalat, anfangs fein gewiegt, später ganz, mit Weinessig und wenig Öl oder mit Milch bzw. Magermilch oder Sahne, Zitrone.

Obst: Apfel roh, gut ausgereift, zunächst auf Glasreibe gerieben, später ganz. Apfelsine, Pfirsich.

Kompott: Apfelmus, später Birnen, Mirabellen, Reineclauden, Pfirsiche, Aprikosen, gesüßt mit Dextropur oder Zucker.

Gemüse- und Obstpreßsaft: Äpfel, Trauben, Orangen, Zitronen, Spinat, Mohrrüben, rote Rüben, Tomaten, Blumenkohl.

Süßspeisen: Leichte Mehlspeisen (Flammeri und Pudding) aus Mondamin, Maizena, Weizenin, Grieß, Sago, Reis. Leichte Aufläufe, Schaumomelette. Falls gut vertragen, mit Fruchtsoße, sonst ohne solche. Gelee mit Zitrone, Milch, Rotwein, Apfelwein, Orange, gesüßt mit anfangs Süßstoff, später Dextropur oder Zucker.

Keine stark gekühlten Süßspeisen, kein Eis!

Vesper:

Echter Tee, anfangs ohne, später mit Milch, deutscher Tee, Hagebuttentee (besonders vitaminreich), Pfefferminztee. Nach Wunsch gesüßt mit Süßstoff, später Dextropur oder Zucker. Gebäck: siehe 1. Frühstück.

Abendessen:

Nur kleine Mahlzeiten. Im übrigen siehe Mittagessen.

Getränke:

Wasser, Fachinger, Göppinger Sauerbrunnen, 1 Glas Rotwein, 1 Glas Rheinwein.

Rauchen:

Verboten.

Besondere ärztliche Verordnungen:

Physikalisch:

Medikamentös:

Form M 3 a. Kost bei chronischer Gastritis und Reizzuständen des Magens mit Salzsäuremangel (Anacide Gastritis)

Allgemeine Richtlinien:

Ähnlich wie bei der akuten Gastritis und der chronischen Gastritis mit Salzsäureüberschuß ist Schondiät angezeigt. In schweren Fällen Form M 1 mit 1 bis 3 Saft- und Teefasttagen im Beginn der Behandlung, sonst Form M 2.

Vorzugsweise Beschränkung auf Speisen aus den verschiedenen Mehlfrüchten (Mondamin, Maizena, Weizenin, Grieß, Sago, Reis, Hafer usw. siehe oben) mit wenig Zucker oder Dextropur. Danach leichte Fleischspeisen (Hirn, Bries, weißes Fleisch) anfangs püriert, später unpüriert mit sehr langsam erfolgender Auflockerung der Diät bei Besserung und allmählichem Übergang zur Normalkost.

Fett nur in Form von Butter. Butter und Sahne sollen nicht mit Mehlstoffen zusammengekocht werden, da die Einhüllung der Stärkekörner von Mehl, Kartoffeln und dergleichen mit Fett die Verdauung erschwert. Ebenso sind mehlhaltige Tunken, fetthaltige Suppen mit Zusatz von Gemüse oder Mehlstoffen zu meiden. Dem Gemüse darf erst bei Tisch etwa erlaubte Butter beigefügt werden.

Da, wo Reizzustände der Magenschleimhaut nicht bestehen, und da, wo namentlich mehr nervös oder psychisch bedingter Salzsäuremangel oder -minderung vorliegt, kommt eine Diät in Betracht, die stärkere Sekretionsreize auf die Magenschleimhaut ausübt, eine Magen-Reizdiät (Fleischbrühe, sog. Kraftbrühe, stärkerer

Kochsalz-, Nährhefe- und Gewürzzusatz, gebratenes Fleisch, Toast, Bohnenkaffee bzw. Kaffee Hag).

Kostplan:

Siehe Form M 2 mit den nach den allgemeinen Richtlinien gebotenen Änderungen.

Weitere ärztliche Verordnungen:

Physikalisch:

Medikamentös:

Form M 3 b. Magenreizkost. Bei Salzsäuremangel und Fehlen schwerer Reizzustände der Magenschleimhaut

Allgemeine Richtlinien:

Säurelocker, wie Kaffee, Malzkaffee, Röstbrot, Zwieback, Fleischbrühe, nicht zu scharfe Würzstoffe, Fleisch, auch dunkles Fleisch und Wild (leicht gebraten, unpaniert), gepökeltes und geräuchertes

Fleisch, leicht gewürzte Tunken sind gestattet. Ebenso etwas gröberes oder härteres Gebäck wie Weizenschrotbrot, Knäckebrot K, Toast, Vollkornbrot alt, evtl. geröstet, Zwieback, die stärkeres Kauen verlangen und in der Rinde appetitanregende und sekretionsfördernde Röstprodukte enthalten. Mit Kochsalz braucht nicht so sparsam vorgegangen zu werden wie bei Form M 1 und 2. Übermaß ist zu vermeiden.

Ganz besonderer Wert ist auf eine schmackhafte und sorgsame Herstellung der Speisen und leckeres Anrichten zu legen, weil hierdurch rein psychisch Appetit und Sekretion angeregt wird. Der Kranke soll tunlichst das bekommen, was er gern ißt („Leibgerichte").

Ein zum Essen gereichtes Getränk (als erster Gang eine kräftige Fleischbrühe mit oder ohne Einlage, zum Hauptgang 1 Glas guten naturreinen Weines, 1 Glas Bier oder Hacker-Nährbier, 1 Glas Mineralwasser) fördert häufig die Nahrungsaufnahme und hebt die Stimmungslage („es schmeckt besser") sowie die Verdauungskraft des Magens.

Kleine Portionen und, wenn es geht, mehrere Gerichte bzw. Gänge sind zu empfehlen. Eine zu voll bepackte Schüssel vermag oft „den Appetit zu verderben".

„Gut gekaut ist halb verdaut."

Kostplan:

1. Frühstück:

Kaffee, Kaffee Hag, Malzkaffee, Tee („deutscher Tee", Hagebuttentee), je nach Geschmack mit oder ohne Milch bzw. mit Zitrone, mit oder ohne Zucker bzw. Traubenzucker (Dextropur).

Brot: Graubrot, Schrotbrot, Röstbrot, altbackenes Weißbrot, altbackene Brötchen, Knäckebrot D., H., K., Vollkornbrot s. oben.

Aufstrich: Butter, Honig, Marmelade, Pflaumenmus, Sardellenpaste, Anchovispaste, Nährhefe.

Belag: Roher, fettfreier Schinken, anfangs und in schweren Fällen geschabt, Teewurst. 1 weiches Ei (3—4 Minuten).

Obst: Äpfel, Birnen, Steinobst, Orangen.

2. Frühstück:

(falls erforderlich, z. B. bei Unterernährung): Fleischbrühe, falls möglich, mit Ei. Milch, Sahne. Butter: soviel vorhanden. Brot (s. 1. Frühstück) evtl. 1 weiches Ei, evtl. 1 Glas Wermut.

Mittags:

1 Tasse fettarme Fleischbrühe, klar oder mit Einlage. Fleisch und Fisch (s. allgemeine Richtlinien) zunächst gekocht, später gedünstet, geschmort, gebraten. Leichte Tunken mit Fleischbrühe und Zusatz von Tomatenpüree und ähnlichem oder brauner Butter.

Gemüse: Am besten gedämpft oder gedünstet, evtl. auch mit wenig Wasser gekocht: Spinat, Salatgemüse, Spargel, Brechbohnen, Schnittbohnen, Wachsbohnen, Prinzeßbohnen, Schwarzwurzeln, Kohlrabi, gelbe Rüben, Karotten, Teltower Rüben, Blumenkohlröschen, Kaiserschoten. In schweren Fällen püriert, später ganz. Diät-Sauerkraut, Gurken, abgezogene Tomaten.

Salate: Kopfsalat, Endiviensalat, Brunnenkresse, Rapunzen, rohes Sauerkraut, bei empfindlichem Magen fein gewiegt, sonst ganz. Kompott und Obst: Kein Kernobst! Äpfel, Birnen, Pflaumen, Mirabellen, Reineclauden, Erdbeeren, Rhabarber, Trauben (nur Saft!), je nach Empfindlichkeit, Geschmack und Bekömmlichkeit roh, gekocht, püriert oder unpüriert, gesüßt mit wenig Zucker, besser Traubenzucker (Dextropur).

Mehlspeisen: s. Form M 2.

Getränke: 1 Glas Rotwein.

Vesper:

Getränke: s. 1. Frühstück.

Gebäck: s. 1. Frühstück, evtl. auch Keks, Biskuit, Sandtorte.

Abendessen:

1 Tasse Kraftbrühe, evtl. mit Einlage.

Fleisch: s. mittags.

Gemüse: s. mittags.

Obst: s. mittags.

G e b ä c k : s. 1. Frühstück.

E i e r : weichgekochtes Ei, Wiener Ei, Rührei, Diät-Rührei, Schaumomelette. Leichte Mayonnaise.

K ä s e : Quark, Gervais, frischer Camembert, geriebener Hartkäse, Gorgonzola, püriert und mit frischer Butter vermischt.

S ü ß s p e i s e n : s. mittags.

K o m p o t t : s. mittags.

O b s t : s. mittags.

G e t r ä n k e : 1 Glas Bier (Nährbier), 1 Glas Wein, 1 Glas Fachinger oder Göppinger Sauerbrunnen.

Weitere ärztliche Verordnungen:

Physikalisch:

Medikamentös:

Form M 4. Schonungsdiät bei Schwäche der Magenmuskulatur

(Magenerschlaffung, Senkmagen, Magenerweiterung)

Allgemeine Richtlinien:

Schonung und Kräftigung der Magenmuskulatur. Vermeidung der Überfüllung und Überdehnung.

Nur geringe Flüssigkeitsaufnahme, also keine Suppen bei den Mahlzeiten. Wenig trinken, besonders nicht zum Essen. Öftere kleine Mahlzeiten, bis zu 6, möglichst breiförmig oder fein gewiegt bzw. durch den Wolf getrieben, unter Berücksichtigung der Säureverhältnisse, d. h. bei Säuremangel Form M 3 a, b, bei Säureüberschuß Form M 2. Falls keine Übersäurung besteht, reichlicher Zusatz von Dextropur und, soweit möglich, Butter bzw. Margarine, letztere beide jedoch nicht mitgekocht (s. oben). Roher, zarter, grüner Salat in geringer Menge und fein püriert.

Kostplan:

1. Frühstück (im Bett):

Haferflockenbrei, zunächst durchgeschlagen, später nicht durchgeschlagen. Milchbrei aus Grieß, Reis, Sago, Mondamin, Maizena, Weizenin, Hafer, Nudeln u. dgl. Wenn möglich mit Traubenzucker gesüßt und je nach Geschmack mit etwas Zimt, Zitrone, evtl. statt dessen flüssiger Maggiwürze. Falls möglich ein Eigelb oder statt dessen Plasmon, Nährhefe, Weißbrot altbacken, Röstbrot, Brötchen, zunächst alt ohne Krume, später frisch, desgl. Butter, Honig, Gelee, kernfreie Marmelade, evtl. 1 Ei (3 bis 4 Minuten gekocht).

2. Frühstück (Brei wie oben):

Weißbrot, Toast, Knäckebrot D, Butter, Quark, Gervais, frischer Camembert, geriebener Hartkäse; auch 1 Ei gestattet. Weißfleisch püriert, Teewurst, Lachsschinken geschabt.

Mittags:

Suppe verboten.

Fleisch: Zartes, vorzugsweise weißes Fleisch (Taube, Huhn, Kalb, Kalbshirn, Kalbsmilch, junges Rinderfilet, zartes Schweinefilet, Kalbszunge), gekocht oder gedämpft, später gebraten, unpaniert, in der ersten Zeit püriert. Kalbfleischklößchen, gehacktes Kalbsteak unpaniert.

F i s c h : Magere Fische (Forelle, Schleie, Hecht, Zander, Schellfisch, Kabeljau, Rotzunge, Seezunge, Steinbutt, Heilbutt), gekocht oder gedämpft, später leicht gebraten (Müllerin-Art), mit Zitrone, holländischer Tunke oder frischer Butter.

G e m ü s e : Leichtes, schlackenarmes, frisches und Konservengemüse: Spinat, Kochsalat, Karotten, Mohrrüben, feinste Schoten, Prinzeßbohnen, Spargelköpfe, Stangenspargel, Blumenkohlröschen, Schmorgurke, anfänglich passiert, mit frischer Butter (nicht mitgekocht) oder leichter holländischer Tunke.

K a r t o f f e l n : Zunächst Kartoffelflocken oder Kartoffelbrei, später Salzkartoffeln und Dampfkartoffeln in der Schale.

M e h l g e m ü s e : Nudeln, Spaghetti, Makkaroni, Reis.

S a l a t e : Zunächst verboten, nach eingetretener Besserung feinster Kopfsalat mit Weinessig und Öl oder mit Milch bzw. Sahne erlaubt, anfangs fein gewiegt, später ganz.

K o m p o t t : Apfelmus, Aprikosenmus, Pfirsichmus, falls vertragen, gesüßt mit Zucker oder Dextropur.

S ü ß s p e i s e n : Leichte Puddings, Aufläufe, Omelette soufflée, Flammeri, Krem, Gelee, gesüßt mit Zucker oder Traubenzucker (Dextropur).

G e t r ä n k e : Möglichst vermeiden, evtl. ein kleines Glas Rotwein oder Rheinwein, „stilles" Mineralwasser (Fachinger, Göppinger Sauerbrunnen).

Vesper:

1 Tasse Tee (besser Hagebuttentee, weil reich an Vitamin C), Bohnenkaffee, Malzkaffee, je nach Bekömmlichkeit mit oder ohne Milch bzw. Sahne, falls gesüßt am besten mit Traubenzucker (Dextropur), Toast, Weißbrot, Brötchen altbacken, ohne Krume, Butter, Gelee.

Abends (keine Suppe):

B r e i von Hafer, Grieß, Reis, Sago, Mondamin, Weizenin und dergleichen, anfangs ohne, später mit Milch, evtl., wenn vertragen, mit Eigelb oder Nährhefe. Zum Süßen empfohlen Dextropur.

F l e i s c h : wenig, wie mittags.

F i s c h : desgleichen.

G e m ü s e , K a r t o f f e l n , S a l a t e : wie mittags.

O b s t : 1 reifer Apfel auf Glasreibe gerieben.

G e b ä c k : Toast, Knäckebrot D mit, auch ohne Butter.

K ä s e : Gervais, Quark, frischer Camembert, geriebener Hartkäse.

G e t r ä n k : s. mittags.

Die Abendmahlzeit sollte besonders klein gehalten werden, weil sonst erfahrungsgemäß der Schlaf leidet.

Nach ärztlicher Verordnung vor dem Zubettgehen: 1 kleines Glas Milch oder Mondaminmilch bzw. Sahne, Saft von 1 bis 2 Orangen, 1 Grapefruit (durchgepreßt), dazu 1 Knäckebrot D, 1 kleine Schüssel Flammeri, Blancmanger, Gelee, dazu einige nicht zu süße Keks.

Ärztliche Verordnungen:

Physikalisch:

Medikamente:

Form M 5. Diät bei Magen- und Zwölffingerdarm-Geschwür

Leitsätze:

Schonung des Magens zur möglichsten Einschränkung der Salzsäuresekretion und der Magenbewegungen.

Möglichste Fernhaltung aller chemischen und mechanischen Reize.

Ausschlaggebend für die diätetischen Anordnungen ist Vorhandensein oder Fehlen von Blutungen und subjektiven Beschwerden, insbesondere Schmerz.

Wir unterscheiden danach:

a) strenge Form,

b) milde Form.

a) Strenge Form:

Bei frischen oder alten Geschwüren mit Blutung oder heftigen, krampfartigen Schmerzen.

(NB. Die Blutung kann auch eine verborgene [„okkulte"] sein, bei der nur minimale Blutmengen abgesondert werden, die nur durch chemische Stuhluntersuchung nach mehrtägiger „blut- und bouillonfreier Diät" festgestellt werden können.)

Die Durchführung der „strengen Form" verlangt absolute Bettruhe für 3 bis 4 Wochen. Sie wird also am besten und konsequentesten in einem für Diätbehandlung eingerichteten Krankenhause oder einer Klinik für Magen-Darmkranke bzw. einem klinischen Diät-Sanatorium erfolgen.

Für diese Diätform sind eine ganze Reihe von schematischen Zusammenstellungen angegeben, die aber nicht buchstabenmäßig durchgeführt werden dürfen, sondern vom fachkundigen Arzt nach Lage des Falles und der Individualität des Kranken evtl. in täglichen Verordnungen variiert werden sollen. Bewährt hat sich z. B. das Schema nach Kalk, Berlin, aus der Bergmannschen Klinik. Sein Prinzip ist zunächst eine möglichste Ruhestellung der sekretorischen und motorischen Magenfunktionen, d. h. der Salzsäurepepsinabsonderung und der Magenbewegungen durch weitgehende Nahrungs-

Schema einer

		1. Tag	2. Tag	3. Tag	4. Tag
Intravenös	25—40%ige Traubenzuckerlösung ccm	3×20	3×20	3×20	2×20
Per rectum	Tropfeinlauf 5%iger Traubenzuckerlösung .... ccm	1000	1000	1000	1000
Per os	5%ige Rohr- oder Traubenzuckerlösung .... ccm	—	200	400	400
	Milch .... ccm	—	—	—	100
	Mondamin .... g	—	—	—	—
	Zucker .... g	—	—	—	—
	Haferschleimsuppe .... ccm	—	—	—	—
	Eier	—	—	—	—
	Grießbrei .... g	—	—	—	—
	Mondamin oder Reisstärke ..... g	—	—	—	—
	Zwieback, aufgeweicht in Milch.	—	—	—	—
	Grießbrei oder Reisbrei .... g	—	—	—	—
	Butter (ungesalzen) .... g	—	—	—	—
	Grießbrei, Reisbrei oder Haferbrei g	—	—	—	—
	Kartoffelbrei .... g	—	—	—	—
	Schleim-, Grieß-, oder Reissuppe ccm	—	—	—	—
	Schinken (roh, entsalzt, geschabt) g	—	—	—	—
	Schleim-, Grieß-, Reis- oder	—	—	—	—
	Nudelsuppe .... ccm	—	—	—	—
	Weißbrot (ohne Rinde) .... g	—	—	—	—
	Nudeln .... g	—	—	—	—
	Alle Suppen (außer Fleischbrühe, Erbsen-, Bohnen-, Linsen- und Fruchtsuppe) .... g	—	—	—	—
	Leichte Mehlspeisen, Pudding (ohne Fruchtsauce), Creme.... g	—	—	—	—
	Zartes, gewiegtes Fleisch (Kalb, Huhn, Taube) .... g	—	—	—	—
	Gemüse (keine Rüben, Rettich, Salat, Karotten, Weißkraut, rote Rüben, Bohnen, Linsen) ...... g	—	—	—	—
	Kalorien etwa	250—300	300—350	350—400	400—430

Geschwürdiät nach Kalk

5. Tag	6. Tag	7. Tag	8. Tag	9. Tag	10. Tag	11. Tag	12. Tag	13. Tag	14. bis 15. Tag	16. bis 17. Tag	18. Tag	18. bis 33. Tag	33. bis 37. Tag
1×30	—	—	—	—	—	—	—	—	—	—	—	—	—
1000	1000	—	—	—	—	—	—	—	—	—	—	—	—
300	200	100	—	—	—	—	—	—	—	—	—	—	—
200	300	300	400	500	500	500	500	500	500	500	500	500	500
10	20	20	—	—	—	—	—	—	—	—	—	—	—
10	15	15	20	20	20	20	20	20	20	20	20	20	20
200	400	500	500	500	500	500	—	—	—	—	—	—	—
—	1		2	2	2	2	3	3	3	3	3	3	3
—	—	200	200	—	—	—	—	—	—	—	—	—	—
—	—	—	20	20	20	20	20	20	—	—	—	—	—
—	—	—	2	2	4	6	6	6	6	6	2	—	—
—	—	—	—	400	—	—	—	—	—	—	—	—	—
—	—	—	—	20	30	40	50	50	50	60	60	60	60
—	—	—	—	—	400	400	500	500	500	300	300	300	300
—	—	—	—	—	—	100	200	200	200	200	200	200	200
—	—	—	—	—	—	—	500	500	—	—	—	—	—
—	—	—	—	—	—	—	—	40	40	40	—	—	—
—	—	—	—	—	—	—	—	—	—	—	—	—	—
—	—	—	—	—	—	—	—	—	500	500	—	—	—
—	—	—	—	—	—	—	—	—	100	100	150	150	150
—	—	—	—	—	—	—	—	—	—	200	200	200	200
—	—	—	—	—	—	—	—	—	—	—	500	500	500
—	—	—	—	—	—	—	—	—	—	—	200	200	200
—	—	—	—	—	—	—	—	—	—	—	50	100	100
—	—	—	—	—	—	—	—	—	—	—	—	—	100
550	820	1040	1190	1650	1810	2090	2490	2570	2760	2860	3100	3100	3200

einschränkung. Alsdann die Zufuhr allmählich steigender Nahrungsmengen, durch die der Gewichtsverlust der ersten Tage bald ausgeglichen wird. Ein Fehler dieses Schemas ist die Armut an Vitamin B und C wegen des Fehlens von Gemüse und Obst. Infolgedessen empfiehlt sich möglichst frühzeitig die Beigabe frischgepreßter Säfte (Tomaten, Karotten, Rote Rüben, Trauben, Äpfel). Bei fehlenden Beschwerden kann auch Beigabe von kleinen Mengen pürierter, schlackenarmer Gemüse (Karotten, Spargelköpfe, Tomaten ohne Kerne und Schale, Kaiserschoten) mit Vorsicht versucht werden. Evtl. Verordnung von Vitamin B und C als Injektion. Siehe Seite 32/33: Ulcus-Diät nach Kalk (nachgedruckt aus Bergmann-Staehelin: Handbuch der inneren Medizin, 3. Bd., Krankheiten der Verdauungsorgane). Das Schema soll also nur ungefähren Anhalt geben, nicht starr durchgeführt werden. Wesentlich ist der allmähliche Übergang von flüssiger zu breiförmiger und fester Nahrung.

In leichteren Fällen, bei älteren Geschwüren, beim Fehlen von Blutungen und stärkeren Schmerzen ist etwa mit Tag 7 bis 8 des Schemas zu beginnen.

Ärztliche Verordnungen:

Physikalisch:

Medikamentös:

b) Milde Form:

Nach Abschluß der strengen Form, schon früher beim Fehlen von Blutungen und Schmerzen, als vorbeugende Kur in Fällen, die früher mit der strengen Form a) behandelt worden sind, geeignet. Bei sicheren Ulcusfällen, die erfahrungsgemäß sehr langsam zur Dauerheilung führen, wird empfohlen, jedes Jahr einmal eine vorbeugende Diätbehandlung nach Form b) für 3 bis 4 Wochen durchzuführen.

Auch die Form b) wird am zweckmäßigsten klinisch in einem Krankenhause mit zuverlässiger Diätküche, in einer Klinik für Magen-Darmkranke oder einem klinischen Diät-Sanatorium durchgeführt. Unter günstigen Voraussetzungen, bei disziplinierten Patienten läßt sie sich auch ambulant im Rahmen der Häuslichkeit durchführen.

Allgemeine Richtlinien:

In Betracht kommt eine Magenschonkost bei Übersäuerung nach Form M 2 mit der Einschränkung, daß von Fleisch nur Kalbshirn und -bries, Taube, Huhn, zartes Kalbfleisch (püriert) erlaubt sind. Magere Fische, (sorgsamst von Gräten befreit, ebenfalls püriert, gestattet. Hecht wegen der zahlreichen kleinen Gräten zu vermeiden. Beste Form der Darreichung: Fischklöße, Fischpudding mit holländischer Tunke.

Gemüse: Kaiserschoten, junge Karotten, Salatgemüse, evtl. Spinat, Blumenkohlröschen, anfangs nur püriert, später unpüriert, rohe, geriebene Mohrrüben.

Kartoffeln: Kartoffelschnee, Kartoffelbrei, ohne Zusatz von Butter, evtl. mit Zusatz von Magermilch.

Salat: Feinster, junger Kopfsalat, feingewiegt, mit etwas Öl oder Sahne.

Preßsaft: Von Trauben, Tomaten, Mohrrüben u. ähnl.

Obst: Roher, geriebener Apfel, Banane mit der Gabel geschlagen.

Milch: Mit Mondamin gekocht, später Sahne.

Eier: Weichgekocht, Eigelb mit Traubenzucker geschlagen, Diät-Rührei.

Zu bevorzugen ist eine fleischarme Diät mit reichlichen Mehlgerichten (Milchbreie von Mondamin, Weizenin, Grieß, Reismehl, Hafermehl), falls gesüßt, mit Dextropur.

Bei fortschreitender Besserung wird die Diät langsam aufgelockert (statt Püree weiches Fleisch, Gemüse, Kartoffeln unpüriert). Treten bei der Durchführung einer Diätbehandlung erneut Beschwerden auf, muß man mit den Verordnungen um einen oder mehrere Tage zurückgehen, bis wieder Beschwerdefreiheit eingetreten ist.

Ärztliche Verordnungen:

Physikalisch:

Medikamentös:

III. Teil

Spezielle Diätvorschriften für Darmkranke

Die für eine Diätbehandlung geeigneten Darmstörungen zeigen im allgemeinen entweder gehäufte oder beschleunigte Darmentleerungen bis zum wässerigen Durchfall oder mangelhafte und träge Verdauung (Verstopfung).

Auch hier bildet die Grundlage der Behandlung eine sorgfältige Untersuchung mit den klinisch-diagnostischen Methoden. Dieselben Krankheitserscheinungen können als Symptome verschiedenartiger Krankheitszustände auftreten. Durchfälle z. B. können ihre eigentliche Ursache in sekretorischen Magenstörungen oder in Störungen der Darmverdauung haben, sie können auch die Folgen von Allgemeinerkrankungen und Infektionskrankheiten wie Typhus und Tuberkulose sein.

An dieser Stelle sollen nur die Darmerkrankungen im eigentlichen Sinne des Wortes behandelt werden. Auch bei ihnen gelangt im wesentlichen ähnlich wie bei den Magenkrankheiten eine Schonkost oder eine Reizkost zur Anwendung.

Form D 1. Diät bei akutem Darmkatarrh, Durchfällen, Sommerdiarrhoe u. a.

Allgemeine Richtlinien:

Vergleiche hierzu die Ausführungen unter Form M 1.

Spezielle Kostformen:

1. Form:

Mehrere Hungertage (bis etwa zu 3).

Getränk: Leerer Tee, Pfefferminztee, Fachinger, Göppinger Wasser.

2. Form:

Flüssige Schonkost: Larosan ohne, später mit allmählich gesteigertem Zusatz von Milch (Magermilch) gekocht. 5%ige Dextropurlösung in Wasser oder Tee.

S u p p e n aus Mondamin, Weizenin, Hafermehl, durchgeschlagenen Haferflocken, Reismehl, Sago, Grieß, Graupen, zunächst ohne, nach Besserung mit Milch gekocht, ungesüßt, später Traubenzucker (Dextropur). Plasmonzusatz zur Erhöhung des Nährwertes nach Aufhören der akuten Störungen.

G e t r ä n k e: Tee, Pfefferminztee, Rotwein, Heidelbeerwein, Heidelbeermost (ungezuckert).

3. Form:

B r e i e von Hafermehl bzw. Haferflocken durchgeschlagen, Mondamin, Weizenin, Grieß, Sago, Reismehl, Reis oder Graupen durchgeschlagen, ohne Milch, evtl. mit abgefetteter Fleischbrühe gekocht, später mit Milch, mit Eigelb, Zusatz von Rotwein erlaubt.

G e t r ä n k e: Tee, Pfefferminztee, Eichelkakao, Haferkakao ohne Milch, Rotwein, Heidelbeerwein, Heidelbeersaft ohne Zuckerzusatz, Fachinger und Göppinger Wasser. Nach starken und wiederholten Durchfällen, besonders mit Erbrechen, ist wegen des dadurch herbeigeführten Kochsalzverlustes eine etwas reichlichere Kochsalzzufuhr geboten.

4. Form:

S u p p e n von entfetteter Fleischbrühe mit Einlage von Eierstich, Schwemmklößchen, Grieß, Sago, Reis.

P ü r e e von Kalbshirn, Kalbsbries, Taube, Huhn, zartem Kalbfleisch, Kartoffelbrei.

E i e r: Diät-Rührei, Wiener Ei, Omelette soufflée, lockere Omelette.

5. Form:

F l e i s c h: Taube, Huhn, Kalbshirn, Kalbsbries, gekochtes Kalbfleisch, Kalbfleischklößchen, anfangs gekocht, später gebraten.

G e m ü s e: Spinat, Karotten, feinste Schoten, Salatgemüse, anfangs püriert, später unpüriert, Spargelköpfe.

G e b ä c k: Weißbrot, Toast, Graubrot, Zwieback.

B u t t e r.

K ä s e: Gervais, Quark.

Allmählicher Übergang zur Normalkost.

Nach heftigen Durchfällen reichliche Flüssigkeitsaufnahme zum Ausgleich des Gewichtsverlustes geboten (s. Nr. 3).

Apfelkur

In vielen Fällen von akuten Darmstörungen bewährt sich die Apfelkur. Bei dieser werden rohe, geriebene Äpfel als einzige Nahrung gegeben. Als Ersatz für rohe Äpfel dient Aplona, das die Durchführung erleichtert (Aplona-Diät). Aplonakonserve ist in den Apotheken erhältlich. Die Dosen enthalten auch die Gebrauchsanweisung.

Weitere ärztliche Verordnungen:

Physikalisch:

Medikamentös:

Form D 2. Diät bei chronischen Durchfällen (chron. Darmkatarrh)

Auch hier kommt eine Schondiät in Betracht.

Allgemeine Richtlinien:

Speisen, die mechanisch oder chemisch reizen, sind verboten. Nur leichtverdauliche Fleischsorten, schlackenarme Gemüse! Keine

Gewürze. Vorsicht mit Fett! Möglichst nur Butter oder Olivenöl verwenden. Kleine Mahlzeiten.

Sonderform:

Gärungskatarrh, bei dem die Kohlehydrate (Mehlstoffe u. dgl.) innerhalb des Darmkanals zur Gärung kommen oder

Fäulniskatarrh, bei dem die Eiweißstoffe in faulige Zersetzung geraten.

Sie verlangen Einschränkung bzw. völlige Ausschaltung entweder der Kohlehydrate oder der Eiweißstoffe bis zum Abklingen der Gärungs- bzw. Fäulnisprozesse mit vorsichtigem allmählichem Aufbau der Ernährung (s. S 3 und D 4).

Milch wird vielfach schlecht vertragen, deswegen Vorsicht, auch bei der Verwendung zur Herstellung von Speisen.

Keine Säuren (Essig, Zitrone, Weißwein, Obst, Obstsäfte).

Kostplan:

Zu Beginn Fasttage, deren Zahl der Arzt bestimmt, mit leerem Tee (Sacharin erlaubt).

1. Frühstück:

Tee, Hagebuttentee, Brombeerblättertee, Kakao, Eichelkakao, Haferkakao, Larosan, Hygiama mit Wasser, später mit Milch gekocht, zunächst ungezuckert, später gezuckert, am besten mit Traubenzucker. Toast, altes Weißbrot, alte Brötchen ohne Krume. Butter in geringer Menge, Heidelbeergelee.

2. Frühstück:

Schleimsuppe, Eichelkakao, Haferkakao, Kakao, Larosan, zunächst ohne Milch, Hygiama, anfangs ohne, später mit Milch. Knäckebrot D, Toast, altes Weißbrot, alte Brötchen ohne Krume, Butter, 1 weiches Ei, Quark, Gervais, geriebener Hartkäse, kalter Kalbsbraten.

Mittags:

1 Tasse Schleimsuppe oder abgefettete Fleischbrühe mit feinem Grieß, Mehl, Fadennudeln.

Fleisch: Weißes Fleisch, zunächst gekocht, später leicht gebraten, unpaniert. Hirn, Bries, Taube, Huhn, Kalb, zartes, gekochtes Rindfleisch.

Fisch: Magere, wie Forelle, Schleie, Hecht, Schellfisch, Kabeljau, Zander, gekocht, später leicht gebraten mit frischer Butter oder weißer Tunke.

Eierspeisen: Diät-Rührei, Rührei, Wiener Ei, Omelette, Schaumomelette, Eierstich.

Gemüse: Anfangs verboten, später Spinat, Karotten, Kaiserschoten, zunächst püriert, später unpüriert. Blumenkohlröschen, Spargelspitzen, gedämpft, geschmort, mit frischer Butter.

Kartoffeln: Kartoffelschnee, Kartoffelbrei.

Mehlgemüse: Bouillonreis, Fadennudeln, Spaghetti.

Kompott: Heidelbeeren, püriert, gesüßt mit Süßstoff, später mit Traubenzucker.

Obst: Bananen.

Süßspeisen: Gelee von Rotwein, Heidelbeeren, Krem mit Tee, Kakao, Vanille.

Gebäck: Toast, altes Weißbrot, alte Brötchen ohne Krume, Knäckebrot D. Butter reichlich gestattet.

Getränke: Tee, Rotwein, Heidelbeerwein, Heidelbeermost (ungezuckert). Fachinger Wasser, Göppinger Sauerbrunnen.

Vesper:

Siehe 1. Frühstück.

Abendessen:

Siehe Mittagessen, Zur Abwechslung Kalbsbraten kalt, Huhn kalt, Lachsschinken, Teewurst.

Abends ½10 bis 10 Uhr:

Bei Hunger 1 Tasse Kakao, Eichelkakao usf. (s. 1. Frühstück).

Getränke: Siehe mittags.

Besondere ärztliche Verordnungen:

Physikalisch:

Medikamentös:

Form D 3. Gärungskatarrh

Die Diagnose kann nur durch klinische Untersuchung (Vergärung des Stuhles im Brutofen nach Schmidtscher Probekost, Untersuchung auf Störungen der normalen Bakterienflora des Darmes [Colidysbakterie]) gestellt werden. Die Diätbehandlung bringt ebenfalls besondere Schwierigkeiten mit sich wegen der Notwendigkeit fortlaufender Stuhlkontrolle und im Anfang besonders vorsichtiger und tastender Diätverordnung. Untersuchung und Behandlung erfolgt deshalb zweckmäßig in den meisten Fällen in einer Magen-Darmklinik bzw. einem klinischen Diätsanatorium.

Zu vermeiden sind, wie oben erwähnt, alle Mehlstoffe, einschließlich Gemüse und Obst. Beschränkung auf vorwiegend tierische Eiweißkost.

Kostplan:

Zunächst 2 bis 3 Fasttage mit leerem Tee, evtl. unter Zusatz von Sacharin, leerer Fleischbrühe, 1—2 Glas Rotwein. Allmählich, je nach der Beschaffenheit der Stühle, die vom Arzt täglich auf Zahl, Reaktion, allgemeine Beschaffenheit, Gärung zu kontrollieren sind, folgende Zulagen:

1. Frühstück:

1 weiches Ei.

2. Frühstück:

2 Eßlöffel Quark mit Milch, Magermilch oder Sahne.

Mittags:

Abgefettete Fleischbrühe mit 1 Eigelb. Zartes, weißes Fleisch (Hirn, Bries, Taube, Huhn, Kalb), anfangs püriert, später unpüriert, oder gekochter, magerer Fisch, Rotweingelee, Heidelbeergelee, Kakaogelee, zunächst ohne Zucker, evtl. mit Sacharin gesüßt. Omelette soufflée von einem Ei.

Abends:

Bouillon abgefettet. 2 weiche Eier. Weiteres siehe Mittag.

Weitere allmähliche Zulagen entsprechend der Stuhlbeschaffenheit, wie Diät-Rührei, Wiener Ei, Emmentaler Käse, gerieben, mit Butter, ohne Brot. Suppe aus feinem Mehl, Mondamin, Maizena, Weizenin), Traubenzucker, Lachsschinken. 1 Scheibe Toast, 1 Knäckebrot D, 1—2 Zwieback, Fadennudeln, Spaghetti, Reis, anfangs durchgeschlagen. Karottenpüree, feines Schotenpüree, Tomatenpüree, Spargelspitzenpüree. Apfelmus, mit der Gabel geschlagene Banane. Kartoffelpüree (zu allerletzt, weil schwer zu vertragen).

Weitere ärztliche Verordnungen:

Physikalisch:

Medikamentös:

Form D 4. Kost bei Fäulnisdyspepsie und Fäulniskatarrh

Es handelt sich hierbei um einen Krankheitsprozeß, bei dem Fäulnisvorgänge des Eiweißes im Darm vorherrschen.

Allgemeine Richtlinien:

Bei Fäulnisdyspepsie und Fäulniskatarrh faulen nicht nur die mit der Nahrung eingebrachten Eiweißstoffe, sondern auch das in den Sekreten der Magen- und Darmdrüsen enthaltene Eiweiß, das ebenfalls einen günstigen Nährboden für alle Fäulniskeime bildet. Dieser Umstand erschwert die Beseitigung der Fäulnisprozesse und erfordert zunächst zur Reinigung des Darmes einige strenge Fasttage unter Beschränkung auf leeren Tee bzw. Wasser, evtl. einige Darmbäder.

Alsdann: mehrere Tage mit Beschränkung auf Traubenzucker in Form von Limonade (auf 1 Liter Wasser ¼ Pfund Dextropur); hiervon am 1. Tage ¼—½ Liter, danach das Doppelte.

Hierauf unter ständiger Stuhlkontrolle Beigabe von feinen Kohlehydraten (Mondamin, Maizena, Weizenin, Kartoffelmehl, Kindermehle), zunächst als Suppen, dann in Breiform, evtl. mit Dextropur gesüßt, mit etwas Zitronensaft oder Zitronenschale schmackhaft gemacht.

Weitere Zulagen:

Toast, Knäckebrot D, Zwieback, Buttermilch, Sauermilch, Joghurt, Plasmon, Gelatinespeisen, Gemüsepreßsäfte, Obstsäfte bzw. -moste, fein pürierte Gemüsesorten.

Wenn alles gut vertragen wird: Eigelb geschlagen, weichgekochtes Ei, Kalbsmilch, Kalbshirn, weißes Fleisch, zunächst püriert, später feingeschnitten bzw. unpüriert. Vorsicht mit Butter!

Getränke: Rotwein, Tee, Fachinger Wasser, Göppinger Sauerbrunnen, kalte, entfettete Bouillon.

Schlackenreichere Kost (grobes Fleisch, grobes Brot, grobes Gemüse) ist wochenlang, auch nach Aufhören der Darmstörungen, völlig zu meiden.

Es empfiehlt sich die Beigabe von Vitamin C in größeren Dosen, evtl. in Form von Spritzen.

Weitere ärztliche Verordnungen:

Physikalisch:

Medikamentös:

Mischform von Fäulnis und Gärungskatarrh

Diese wird am besten zunächst durch einige Fasttage mit leerem Tee oder leerer Fleischbrühe behandelt. Alsdann empfiehlt sich die Einleitung einer kohlehydratfreien Ernährung (d. h. Vermeidung von Mehl- und Zuckerstoffen) zur Bekämpfung der Gärungsvorgänge, bei allmählichem Übergang auf die Normalkost nach den Anweisungen unter Gärungskatarrh D 3 bzw. Fäulniskatarrh D 4.

Form D 5. Diät bei chronischer Verstopfung

Darmerschlaffung (habituelle Obstipation)

Allgemeine Richtlinien:

Im Vordergrunde steht das Prinzip einer darmreizenden Übungsdiät. Fleisch wird seiner stopfenden Wirkung wegen nur in kleinen Mengen, wenn überhaupt, und nicht täglich gegeben. Empfohlen sind grobe, zellulosehaltige Brot- und Gemüsesorten, auch in roher Form als Salate mit und ohne Mayonnaisen bzw. öl- und fett- (sahne-) haltige Tunken. Fett ist überhaupt reichlich geboten. Dazu kommen Nahrungsmittel bzw. Speisen, die auch chemisch anregend auf die Darmperistaltik wirken, wie Honig, Milchzucker, Sauermilch, Buttermilch, Molken, sprudelartige Wasser mit reichlich Kohlensäure, Obstsäure (saurer Wein, Obstsäfte), Kaffee (falls nicht aus anderen Gründen verboten), Tabak in kleinen Mengen mit der gleichen Einschränkung. Zusatz von Kochsalz und Gewürzen regt ebenfalls die Peristaltik an. Reichlicheres Trinken ist empfehlenswert.

Diätplan:

Nüchtern:

1 Glas kaltes Wasser bzw. kalter Frucht- oder Gemüsesaft mit 3 Eßlöffel Milchzucker, evtl. 1 Eßlöffel Paraffin oder Agarol.

1. Frühstück:

Kaffee bzw. Ersatzkaffee und reichlich Milch oder besser Sahne und Zucker oder 1—2 Eßlöffel Milchzucker, Sauermilch, Joghurt.

G e b ä c k : Brot, Vollkornbrot, Grahambrot, Kleiebrot, Westfälisches Brot, Simonsbrot.

Butter reichlich, Honig, Marmelade, Pflaumenmus, Traubenmus.

2. Frühstück:

Rohes Obst mit Schale, 1 Glas Buttermilch oder Joghurt, evtl. trockenes Schrotbrot, Vollkornbrot, Kommißbrot, Westfälisches Schwarzbrot, Simonsbrot, Quark.

Mittags:

S u p p e n : Obstsuppe, Gemüsesuppe (Russische Kohlsuppe), am besten bouillonfrei.

F l e i s c h : Möglichst kein Fleisch.

F i s c h : 2—3mal wöchentlich, mit viel Butter zubereitet.

G e m ü s e : Reichlich, besonders die groben, schlackenreichen. Kohlarten: Wirsing, Weißkraut, Rotkraut, Sauerkraut, Blumenkohl, Grünkohl, Rosenkohl, Kohlrüben, Kohlrabi (einschließlich Blätter), Spinat (nicht passiert), Schnittbohnen, Brechbohnen, Wachsbohnen, Schoten, Salatgemüse, Gurkengemüse, Schwarzwurzeln, Selleriegemüse, Kürbisgemüse, Rote Rüben, Teltower Rüben, Tomaten.

Hülsenfrüchte: Erbsen, Bohnen, Linsen (möglichst mit Schale).

Pilze jeder Art.

S a l a t e : Reichlichst, mit Weinessig und Öl, mit Milch oder Sahne. Kopfsalat, Endiviensalat, Rapunzen, Brunnenkresse, sämtliche Kohlsalate, einschließlich Sauerkraut, roh (ungewaschen), Kartoffelsalat, Selleriesalat, Rote Rüben, Mohrrüben-, Tomaten-, Bohnen-, Wachsbohnen-, Spargel-, Gurken-, Rettich-, Radieschensalat, Salat von weißen Bohnen.

Pfeffergurken, Senfgurken, saure Gurken.

E i e r s p e i s e n : Sämtlich erlaubt.

K a r t o f f e l n : Sämtliche Arten erlaubt.

Bevorzugt: Bratkartoffeln, Dampfkartoffeln (Pellkartoffeln), rohe Kartoffelklöße, Kartoffelpuffer.

Kompott: Sämtlich erlaubt.

Bevorzugt: Pflaumen, Backpflaumen, Beerenobst (Stachelbeeren, Johannisbeeren, Brombeeren).

Verboten: Heidelbeeren.

Obst: Sämtlich erlaubt und reichlich geboten. Feigen, Rosinen.

Nüsse, Mandeln: Erlaubt und empfohlen.

Süßspeisen: Sämtlich erlaubt. Erwünscht solche mit Obst- bzw. Marmeladenfüllung sowie Obstsafttunken.

Gefrorenes: Erlaubt.

Gewürze: Sämtliche in nicht zu großen Mengen erlaubt.

Getränke: Wasser, Mineralwasser (stille und Sprudelwasser), Fruchtsäfte bzw. Moste außer Heidelbeeren, Obstweine außer Heidelbeerwein. Wein erlaubt außer Rotwein. Sekt erlaubt. Bier. Milch (falls nicht stopfend), Sauermilch, Buttermilch, Joghurt. Deutscher Tee, Kaffee bzw. Hag.

Kakao verboten.

Käse: Sämtlich erlaubt.

Vesper:

Kaffee bzw. Hag und Milch oder Sahne, mit Zucker oder besser Milchzucker. Milch, Buttermilch, Sauermilch, Joghurt. Grobes Brot (s. Frühstück). Butter reichlich. Marmelade, Honig, Pflaumenmus. Obst. Kompott (s. oben).

Abends:

Obstsuppe. Eierspeisen. Salate. Gemüse. Quark, Käse, Butter. Grobes Brot (s. Frühstück). Obst, Kompott, Obstsalat mit oder ohne Sahne. Flammeri aus Frischobst oder Fruchtsaft. 1 Glas Milch, Buttermilch, Sauermilch, Joghurt.

Für die Nacht:

Eingeweichte Backpflaumen und Feigen, evtl. mit Leinsamen vermengt.

Besondere ärztliche Verordnungen:

Physikalisch:

Medikamentös:

Diät und Mangelernährung

Meine Anweisungen für Diätbehandlung von Magen- und Darmkrankheiten beruhen auf Erfahrung und Brauch der Friedens- und Kriegszeiten, sind aber bewußt für die normale Zeit gegeben.

Es entsteht deswegen naturgemäß die Frage, ob wir bei der durch Entbehrungen veränderten Ernährungslage mit Rationierung der Lebensmittel, insbesondere der Einschränkung des Verbrauches von Eiweiß (Fleisch, Fisch, Käse, Eier) und Fett (Butter, Öl, Margarine, Schmalz) und der stärkeren Betonung der Kohlehydrate oder Mehlstoffe (Kartoffeln, Brot, Zucker) mehr oder weniger weitgehende Änderungen dieser Vorschriften vorzunehmen und unsere Anschauungen zu revidieren haben.

Daß auch unter den veränderten Verhältnissen die Diätbehandlung ihren Wert behält und unter allen Umständen durchgeführt werden muß, wissen wir auch heute von neuem bestätigt. Der Durchführung derselben stellen sich auch keineswegs gerade für die in Frage stehenden Erkrankungsformen so beträchtliche Schwierigkeiten entgegen, wie es auf den ersten Blick für ängstliche Gemüter, namentlich bei unseren Kranken, scheinen könnte.

Die Mangelernährung bringt ja gerade gewisse Schädlichkeiten in Wegfall, die bei der Entstehung und Behandlung dieser Krankheitszustände oft eine ganz wesentliche Rolle spielen und deren zwangsmäßiger Fortfall dem kranken Organismus von selbst Gelegenheit gibt, die „natürliche Heilkraft" wirksam werden zu lassen, und damit die in Disharmonie geratenen Körperfunktionen automatisch zur Harmonie und Norm zurückzuführen.

Es ist dies die quantitative und qualitative Beschränkung, die die Mangelernährung mit sich bringt. Für einen großen Teil der behandelten Krankheitszustände gilt als Behandlungsgrundlage das Prinzip der Schonung, das will sagen, der Entlastung des Magen-Darmkanals durch Vermeidung einer allzu reichlichen, komplizierten, überfeinerten Luxusernährung. Dieser wird vorgebeugt durch die

Beschränkung hinsichtlich der Nahrungsmenge, der Vereinfachung durch den Fortfall von Leckerbissen, Süßigkeiten und Kuchen, die lediglich auf den Wohlgeschmack berechnet sind und zum Vielessen verleiten. Eine Beschränkung namentlich des Fett- und des Fleischverbrauches ist für viele Gesunde und Kranke, weil zweifellos übersteigert, nicht nur ohne Schaden durchführbar, sondern auch aus den oben angegebenen Gründen bei Magen- und Darmkranken sogar häufig von heilbringender Wirkung.

Die Umstellung auf eine an Kohlehydraten (Mehl- und Zuckerstoffen) reichere Ernährungsform, die Bevorzugung von Vegetabilien und damit von Pflanzeneiweiß gegenüber den tierischen Nahrungsstoffen und dem Fleischeiweiß unter Heranziehung der eiweißreichen Magermilch und von Quark und Käse bildet ebenfalls einen Vorzug von dem Gesichtspunkte teils der Entlastung, teils aber auch der Belastung gesehen, wie letztere in Form der Reizkost ja auch eine große Bedeutung hat. Hierfür kommen besonders die früher oft vernachlässigten gröberen Gemüsesorten und das sich immer mehr einbürgernde Vollkornbrot in Betracht. Für Notfälle stehen gewisse Zusatznahrungsmittel, wie Milcheiweiß, Lebertran, Malzextrakt, Dextropur, zur Verfügung. Selbstverständlich muß ganz besonders dafür gesorgt werden, daß die vorhandenen Nahrungsmittel vollwertig verwendet und nicht durch einen falschen Kochprozeß entwertet werden. Also es gilt vor allem die in meinen Ausführungen betonte Regel, die Speisen nicht zu lange zu kochen, um dadurch Vitamine zu schonen, die Speisen nicht mit zu viel Wasser zu kochen, das Kochwasser fortzugießen, sie abzuwellen und damit ihrer Mineralstoffe zu berauben.

Aus demselben Grunde empfiehlt sich der Genuß von rohen Gemüsen und rohem Obst sowie von Obst- und Gemüsepreßsäften. Kartoffeln, von denen immer wieder Patienten mit förmlicher Begeisterung erzählen, daß sie sie fast vollkommen vermeiden, sollen, namentlich als Dampfkartoffeln in der Schale (Pellkartoffeln), neben dem Vollkornbrot einen Hauptbestandteil unserer Nahrung bilden. Fleisch sollte auch in normalen Zeiten zu Gemüse, Kartoffeln, Salaten und Obst nur Zukost bilden und möglichst auf einen einmaligen Genuß am Tage beschränkt werden. Mindestens ein fleischfreier Tag in der Woche ist ein altes Gebot der priesterlichen Hygiene. Wohlgemerkt aber ist der Fischtag kein fleischfreier Tag, da Fisch, ernährungs-physiologisch gesehen, gleich Fleisch ist.

Aus den Ausführungen ergibt sich, daß in Notzeiten eine Mangelernährung, wenn sie auch an die Küche zunächst durch die Umstellung gewisse Anforderungen stellt, in manchen Fällen als ausreichend bezeichnet werden kann, ja gegenüber der Überernährung und unzweckmäßigen Ernährung, die viele Menschen aus Unverstand und Genußfreudigkeit pflegen, als eine gesundheitsfördernde und krankheitsverhütende Maßnahme angesehen werden kann.

Daß dabei durch eine gute Kochtechnik möglichst für Abwechslung, schmackhafte Herstellung und appetitliches Anrichten zu sorgen ist, sei kurz erwähnt.

In Notzeiten ändert sich grundlegend an unseren Vorschriften für die Herstellung von Krankenkost nicht viel. Nur die Verwendung von Zutaten, wie Eier, Butter und Sahne, wird mit der Einschränkung der Zuteilung sinngemäß zu beschränken sein. Aber auch unter den veränderten Verhältnissen bleibt die Notwendigkeit bestehen, eine dem Krankheitsgeschehen angepaßte Heilnahrung durchzuführen und behält diese ihren souveränen Wert in der Behandlung der Magen- und Darmerkrankungen.

Kochrezepte

Sämtliche Gerichte sind für eine Person berechnet

Die Verwendung von Sahne ist, wenn überhaupt möglich, tunlichst einzuschränken und an Stelle dessen ebenfalls Milch bzw. Magermilch zu verwenden. Die angegebenen Buttermengen sind sinngemäß einzuschränken. Zum Braten ist als Buttterersatz am besten Öl (Oliven-, Erdnuß-, Sonnenblumen-, gereinigtes Leinöl oder ähnliches) zu verwenden. Auch andere Fette, wie Margarine, auch Schmalz, kommen, wenn überhaupt Gebratenes vertragen wird, in Frage. Vor allen Dingen wird auch fettloses Braten auf dem Grill oder im Papier empfohlen. An Stelle von Eiweiß ist die Verwendung von „Milei" zu empfehlen. Die Verwendung ausländischer Gewürze ist tunlichst einzuschränken, an Stelle dessen sind frische Würzpflanzen oder Würzkräuterpulver zu empfehlen, wie sie in den Reformhäusern zu kaufen sind.

I. Schleime und Suppen

1. Haferschleim:

40 g Haferflocken mit 1/2 Liter kaltem Wasser 5 Minuten kochen. Alsdann durch ein Haarsieb treiben. Der Schleim ist salzlos zu reichen, falls nichts Gegenteiliges verordnet.

2. Gerstenschleim:

50 g Gerstenmehl in 1/8 Liter kaltem Wasser verrühren, mit kochendem Wasser auf 1/2 Liter auffüllen. 20 Minuten kochen lassen und durchseihen. Bezüglich Kochsalz vgl. Nr. 1.

3. Reisschleim:

50 g Reismehl, 1/2 Liter Wasser. Zubereitung wie Gerstenschleim.

4. Mandelmilchsuppe:

50 g abgeriebene süße Mandeln mit knapp 1/2 Liter Milch zum Kochen bringen und zugedeckt 1 Minute ziehen lassen, durchseihen, nochmals aufkochen lassen. 1 Eßlöffel Mondamin, Maizena oder Weizenin mit 3 Eßlöffel kaltem Wasser anquirlen und der Suppe beifügen. Nach Geschmack mit Zucker oder Dextropur süßen.

5. Vanille-Milchsuppe:

10 g Vanillezucker oder 1/4 Stange Vanille mit 1/2 Liter Milch aufkochen, 1 Eßlöffel Mondamin oder dergleichen mit etwas kaltem Wasser anquirlen und der kochenden Milch beifügen. Mit Zucker bzw. Traubenzucker süßen.

6. Mondaminmilch.

Zubereitung wie vor, jedoch ohne Vanillezucker bzw. Vanille. Nach Geschmack mit Zucker, Dextropur oder etwas Kochsalz abschmecken.

7. Sago-Milchsuppe:

5 g Sago mit 1/4 Liter Milch etwa 10 Minuten kochen, bis der Sago glasig ist. Zur besseren Bindung ist 1/2 Kaffeelöffel in Wasser angequirltes Mondamin bzw. Maizena oder Weizenin mit auszukochen. Die Suppe noch 2 Minuten kochen und nach Verordnung mit Zucker bzw. Dextropur oder Kochsalz abschmecken.

8. Milchgrießsuppe:

10 g Grieß (fein) unter stetem Umrühren mit dem Schneebesen in 1/4 Liter kochende Milch bringen, 5 Minuten kochen lassen und je nach Verordnung mit Zucker, Dextropur oder Kochsalz abschmecken.

9. Milchnudelsuppe:

20 g Fadennudeln in reichlichem Wasser weichkochen, abschütten und in Mondaminmilch nach Nr. 6 geben.

10. Legierte Milchsuppe:

1 Eigelb mit 1 Eßlöffel kalter Milch verquirlen und in kochendheißem Mondamin nach Nr. 6 einrühren.

11. Schneeklößchen (als Einlage in Milchsuppen):

1 Eiweiß zu steifem Schaum schlagen, 30 g Zucker hinzufügen und nochmals 1 Minute weiterschlagen. Mittels Kaffeelöffel kleine Klößchen in kochendes Wasser abstechen, 1 Minute ziehen lassen und alsdann herausheben.

12. Fleischfreie Gemüsesuppe:

Zutaten: 1/2 Möhre, 1/4 Sellerie mit Grün, etwas Lauch, Petersilie, 1 Tomate, 10 g Öl oder Butter.

Das Gemüse wird in gewaschenem Zustande in dünne Scheiben geschnitten, mit Öl oder Butter angedämpft und mit 1/2 Liter Wasser aufgefüllt. 1 Stunde kochen lassen, durchseihen und, falls erlaubt, mit etwas Kochsalz abschmecken.

13. Kalbsbrühe:

200 g rohes Kalbfleisch wird mit 1 Liter kaltem Wasser zum Kochen gebracht, und unter Hinzufügen von etwas Sellerie, Petersilienwurzeln, Lauch, 1/2 Lorbeerblatt, 1 Nelke und, falls erlaubt, ein wenig Kochsalz. 1 Stunde lang gekocht. Die fertige Brühe wird durchgeseiht und eignet sich zum Auffüllen aller hellen Suppen und Tunken.

14. Kraftbrühe:

Zubereitung wie Nr. 13. Man verwendet jedoch Rindfleisch bzw. Rindsknochen und kocht die Brühe 2 bis 3 Stunden langsam aus. Lorbeerblatt und Nelke wird nicht mitgekocht.

14a. Abgefettete Fleischbrühe:

Fleischbrühe von Kalb- oder Rindfleisch, je nach Verordnung, läßt man auf Eis erkalten, bis die Fettaugen gestockt sind. Dann ist die Brühe durch ein Sieb zu gießen.

Das Legieren oder Binden von Suppen:

1 Eigelb mit 4 Eßlöffel Milch verquirlen und in die kochende Suppe unter ständigem Rühren einlaufen lassen. Legierte Suppen dürfen nicht weiterkochen, da das Eigelb sonst gerinnen und der sämige Charakter der Suppe verlorengehen würde.

15. Legierte Gemüsesuppe:

Zutaten: 1/4 Blumenkohl, 1 Möhre, 1/4 Sellerie, etwas Lauch und Petersiliengrün, etwa 25 g Butter, 40 g Mehl, 1/2 Liter Wasser, 1 Eigelb, 4 Eßlöffel Milch (Sahne).

Man läßt das Gemüse mit Butter bzw. Öl anschwitzen, stäubt mit Mehl ein, füllt mit kochendem Wasser oder, falls erlaubt, Kalbsbrühe auf, läßt das Ganze 1 Stunde kochen, seiht durch und legiert nach Vorschrift. Evtl. mit etwas Kochsalz oder 1 Körnchen Maggi abschmecken.

16. Legierte Blumenkohlsuppe:

Zutaten: 1/4 Blumenkohl, 25 g Butter, 40 g Mehl, 1/2 Liter Gemüsebrühe oder Kalbsbrühe, 1 Eigelb, 3 Eßlöffel Milch (Sahne).

Man läßt die Butter zergehen, verrührt das Mehl, füllt mit 1/2 Liter Brühe auf, rührt mit dem Schneebesen glatt und läßt 1 Stunde kochen. Der in kleine Stückchen geteilte Blumenkohl wird mitgekocht. Alsdann bindet man nach Vorschrift und schmeckt, falls erlaubt, mit etwas Kochsalz oder 1 Körnchen Maggi ab.

17. Spargelsuppe:

Zubereitung wie Nr. 16. Statt des Blumenkohls sind Spargelabfälle mitzukochen. (Sauber gewaschene Spargelschalen und das untere Ende der Spargelstangen.) Als Einlage gibt man kleine Spargelstückchen, welche man getrennt in Wasser oder leichtem Salzwasser kocht.

18. Kräutersuppe:

Zutaten: Frische Petersilie, 10 g Zwiebeln, Kerbel, Dill, Selleriegrün, 40 g Mehl, etwa 25 g Butter, 1 Eigelb, Milch oder Sahne.

Die gewaschenen Kräuter sind mit etwas Sellerie in der Butter anzuschwitzen, Mehl hinzufügen. Das Ganze wird verrührt und mit 1/2 Liter Brühe aufgefüllt. 30 Minuten kochen lassen, binden und wie oben abschmecken.

19. Gurkensuppe:

Zubereitung wir Nr. 16. Statt Blumenkohl wird $1/4$ frische Gurke, die geschält und in kleine Stückchen geschnitten ist, mitgekocht.

20. Königinsuppe:

Zubereitung wie Nr. 16, jedoch ohne Blumenkohl. Statt dessen kocht man in der Suppe Hals, Magen, Herz und Pfoten eines Huhnes mit. Der fertigen Suppe fügt man etwas feingewiegtes Hühnerfleisch bei.

21. Karottensuppe:

Zutaten: Einige kleine Karotten oder 1 Möhre, etwas frische Gartenkräuter, 10 g Butter, 20 g Mehl, $1/2$ Liter Gemüsebrühe.

Die Karotten werden, in kleine Würfel geschnitten, mit Butter sowie den feingeschnittenen Kräutern angeschwitzt. Dann rührt man das Mehl dazu, füllt mit $1/2$ Liter Gemüsebrühe (Kalbsbrühe) auf, rührt alles glatt und läßt die Suppe 1 Stunde kochen. Zuletzt legieren und abschmecken wie oben.

22. Tomatensuppe:

Zutaten: 25 g Butter, etwas Sellerie, Petersilie, Lauch, $1/2$ Möhre, 40 g Mehl, 200 g Tomaten, $1/2$ Liter Wasser.

Das Wurzelwerk wird in Wasser angedämpft, dazu kommen die zerdrückten Tomaten oder 1 reichlicher Eßlöffel Tomatenmark. Alles zusammen nochmals 5 Minuten dämpfen, mit Mehl bestäuben, verrühren und mit reichlich $1/2$ Liter Wasser auffüllen, $3/4$ Stunde kochen lassen und durchpassieren. Abschmecken wie oben mit etwas Kochsalz oder 1 Körnchen Maggi und einer Prise Zucker.

23. Legierte Kartoffelsuppe:

Zutaten: 25 g Butter, 30 g Mehl, 250 g geschälte, in Scheiben geschnittene Kartoffeln, $1/2$ Liter Gemüsebrühe, 1 Eigelb, 4 Eßlöffel Sahne (Milch).

Die Butter läßt man zergehen, gibt die Kartoffeln und das Mehl dazu, verrührt und füllt mit $1/2$ Liter Gemüsebrühe auf. Nach einer Stunde Kochzeit streicht man die Suppe durch ein Sieb, läßt sie nochmals aufkochen und schmeckt ab wie oben.

24. Schwäbische Kartoffelsuppe:

Zutaten: 1 kleine Möhre, etwas Selleriegrün, 1 Petersilienwurzel, 250 g rohe Kartoffeln in Scheiben geschnitten, 1 Tomate, $1/2$ Liter Wasser, 30 g Mehl, 20 g Butter oder Olivenöl.

Das in Scheiben geschnittene Gemüse wird mit den Kartoffeln nebst reichlich $1/2$ Liter Wasser etwa 40 Minuten gekocht, bis alles weich ist. Inzwischen läßt man die Butter zergehen, gibt das Mehl dazu, füllt mit der Suppe auf und rührt sie mit dem Schneebesen glatt. Nachdem die Suppe nochmals 10 Minuten gekocht hat, wird sie evtl. leicht gesalzen und mit $1/2$ Tasse Milch vervollständigt.

25. Grünkernsuppe:

Zutaten: 30 g Butter, 15 g Mehl, 60 g Grünkernschrot, 1/2 Liter Gemüsebrühe, 1 Eigelb, 1/2 Tasse rohe Milch.

Butter mit Mehl und Grünkernschrot anschwitzen, auffüllen mit Gemüsebrühe, 1 Stunde kochen lassen und mit kräftigem Druck durch ein Sieb stoßen. Die Suppe wird nochmals zum Kochen gebracht, legiert wie oben angegeben und nötigenfalls mit Brühe verdünnt.

26. Italienische Brotsuppe:

Zutaten: 1/3 Liter Kalbsbrühe (Gemüsebrühe), 20 g geriebenes Weißbrot, 20 g geriebener Käse (Parmesan), 1 Ei, etwas feingewiegte Petersilie.

Das geriebene Weißbrot wird mit 1 Ei, dem Parmesankäse sowie mit der Petersilie verrührt und mit kochender Brühe aufgefüllt. Die Suppe läßt man nochmals aufkochen.

27. Legierte Grießsuppe:

In 1/2 Liter (Kalbsbrühe) läßt man 1 Eßlöffel Grieß einlaufen, kocht denselben 5 Minuten lang auf und legiert die Suppe wie oben.

28. Suppe „Leopold":

Wie vorstehend. Der Suppe fügt man weichgedämpfte Kopfsalatstreifen bei.

29. Russische Kohlsuppe (für 3 Personen):

1/2 Sellerie, 1/2 Rote Beete, 1/2 Zwiebel, 1 Stück Lauch, 1 Mohrrübe und 100 g Weißkohl werden in dünne Scheiben geschnitten mit 30 g Butter angedämpft und mit 1 1/4 Liter Fleischbrühe etwa 2 Stunden langsam weichgekocht. Inzwischen wurde von 30 g Butter und 40 g Mehl eine helle Schwitze gemacht, welche nun mit der Suppe verrührt wird. Nachdem die Suppe nochmals aufgekocht ist, wird sie mit dem Saft einer geriebenen und ausgedrückten Roten Rübe gefärbt. Als Einlage dient evtl. 1 Eßlöffel voll saurer Sahne, die nicht verquirlt, sondern auf die in Teller oder Tassen abgefüllte Suppe getan wird

30. Apfelsuppe:

Man wäscht die in Stücke geschnittenen Äpfel, gießt so viel Wasser auf, daß sie bedeckt sind, setzt sie mit Zitronenschale und Zucker aufs Feuer, kocht sie weich und streicht sie durch ein Sieb. Das Mus kocht man auf, verlängert es mit Wasser und legiert mit Eigelb und Sahne (Milch). Als Einlage eventuell Rosinen zugeben.

31. Kirschsuppe:

250 g ausgesteinte Kirschen werden gewiegt und mit reichlich 1/2 Liter Wasser, 2 Eßlöffel Zucker und etwas Zitronenschale weichgekocht. Die Suppe wird mit einem gehäuften Kaffeelöffel voll Mondamin, welches vorher mit kaltem Wasser glattgerührt wurde, gebunden. Als Einlage Zwieback oder Suppenmakronen.

32. Heidelbeersuppe:

Zubereitung wie Kirschsuppe, jedoch werden die Heidelbeeren nicht gewiegt, sondern ganz verkocht. Man streicht die fertige Suppe durch ein Sieb. Einlage: Zwieback oder Suppenmakronen.

33. Hollundersuppe:

Zutaten: 250 g Hollunderbeeren, 50 g Zucker, 1/2 Liter Wasser, 10 g Sago, 1 Kaffeelöffel voll Mondamin, 1/8 Liter Rotwein.

Man kocht die von den Stielen befreiten Hollunderbeeren mit Zucker und Wasser weich, wobei man 1 Glas Rotwein hinzusetzen kann, streicht sie durch ein Sieb und läßt den Sago darin auskochen. Ist dies geschehen, so wird mit Mondamin eingedickt. Einlage: Zwieback oder Suppenmakronen.

II. Fischgerichte

33. Forelle blau:

Die ausgenommene und gewaschene Forelle wird in heißen Fischsud (s. Nr. 38) gelegt, darin einmal aufgekocht und vom Feuer zurückgezogen. Nach 5 Minuten ist die Forelle gar und kann angerichtet werden. Frische oder zerlassene Butter, je nach Verordnung, wird extra gereicht.

34. Schleie blau:

Zubereitung wie Forelle.

35. Gekochter Seefisch mit Holländischer Tunke:

Zubereitungsart wie bei der Forelle, jedoch läßt man den Fisch etwas länger ziehen.

36. Gedämpfter Heilbutt in Weißweintunke mit Tomaten (als Beispiel für alle Seefische):

Der in fingerdicke Scheiben geschnittene Fisch wird in ein mit Butter ausgestrichenes Geschirr gelegt, leicht gesalzen, mit einer Scheibe geschnittener Tomate bedeckt, mit Weißwein und Wasser begossen und zum Kochen gebracht. Alsdann stellt man den Kochtopf vom Feuer zurück und läßt das Gericht 5 Minuten ziehen. Man richtet mit einer Weißweintunke (s. Nr. 39) an.

37. Fischpudding:

150 g Fischfilet werden roh mit 30 g eingeweichtem Weißbrot durch den Wolf gedreht. Diese Masse verarbeitet man mit einem Eigelb, 2 Eßlöffel Milch, etwas Kochsalz und zieht den festgeschlagenen Schnee von einem Eiweiß darunter. (Als Ersatz Mileischnee, s. Nr. 149).

Man füllt die Masse in eine mit Butter ausgestrichene und mit Mehl ausgestreute Form und kocht sie 15 Minuten im Wasserbade. Hierzu wird Weißwein- oder Holländische Tunke gereicht (s. Nr. 39 und 40).

38. Fischsud:

1 Liter Wasser, etwas Kochsalz, 1 Zitronenschnitte, 1 Lorbeerblatt, 1 Nelke, 1 Petersilienstengel, etwas Lauch, ein wenig Essig läßt man zusammen einige Minuten kochen. Hierin wird der Fisch wie angegeben gekocht.

39. Weißweintunke:

Zutaten: 20 bis 30 g Butter, 40 g Mehl, 1/3 Liter Fischbrühe, 1 Eigelb, 1 halbe Tasse Milch.

Man läßt die Butter zergehen, verrührt sie mit Mehl, füllt mit Fischbrühe auf und läßt das Ganze kurz kochen, bindet mit Ei und Milch ab und schmeckt mit Zitronensaft und ein wenig Salz ab.

40. Holländische Tunke:

Zutaten: 1 Eigelb, 1 Eßlöffel Wasser, einige Tropfen Zitronensaft bzw. Weinessig, ein wenig Kochsalz. Das Ganze wird im heißen Wasserbade in einer kleinen Schüssel mit dem Schneebesen schaumig geschlagen, bis die Masse dicklich geworden ist. Dazu wird tropfenweise unter ständigem Rühren etwas zerlassene Butter gerührt.

III. Fleischgerichte

Fettarmes Braten in der Papierhülle:

Koteletts, Schnitzel oder Lendchen, auch Junghähnchen, eignen sich, falls Fett wenig vorhanden oder erwünscht ist, zum Braten in der Papierhülle.

Das in Frage kommende Fleisch wird breitgeklopft, mit etwas Kochsalz gewürzt, mit Mehl bestreut und in einer mit Fett ausgestrichenen Pfanne auf beiden Seiten ganz kurz angebraten. Danach wird es in leicht eingefettetes Butterbrotpapier (Pergamentpapier) eingewickelt und auf einem Backblech in der Ofenröhre etwa 15 Minuten langsam gebacken.

Falls erlaubt, kann das Fleisch vor dem Einwickeln in Papier zur Erhöhung des Wohlgeschmacks mit folgender Füllung beiderseits bestrichen werden: 50 g Champignon oder Steinpilze werden mit einer halben Zwiebel feingewiegt und mit etwas Rotwein eingekocht. Dazu fügt man 1 Löffel Bratentunke und läßt nochmals einkochen, bis die Masse streichfertig ist.

41. Kalbsmilch mit Frikasseetunke:

Man läßt die Kalbsmilch vor dem Kochen einige Stunden wässern, damit sie weiß bleibt. Alsdann stellt man sie mit frischem Wasser auf, läßt sie 5 Minuten kochen, legt sie in kaltes Wasser und befreit sie mittels Messer von der Haut. Hierauf läßt man sie mit reichlichem Wasser, dem man 1 Lorbeerblatt, 1 Nelke, ein wenig Lauch, 1 Stück Mohrrübe und etwas Salz beigegeben hat, 40 bis 60 Minuten kochen. Aus dieser Brühe wird die Frikasseetunke hergestellt (s. Nr. 54).

42. Kalbshirn gekocht:

Das Kalbshirn wird 1 Stunde gewässert und von der leicht abzuziehenden Haut befreit. Alsdann läßt man es mit Wasser, einem kleinen Schuß Weinessig und etwas Kochsalz 3 Minuten kochen. Anzurichten mit Frikasseetunke.

Man kann das Kalbshirn vor dem Anrichten feinschneiden, evtl. auch durch ein Haarsieb streichen, um die Bekömmlichkeit zu erhöhen.

43. Kalbshirn gebacken:

Das Hirn wird 1 Stunde gewässert, von Haut und Blut befreit, mit Wasser, dem etwas Kochsalz und Weinessig beigefügt wird, bedeckt, zum Kochen gebracht und zum Auskühlen beiseite gestellt. Nach dem Abkühlen wird es mit Mehl, Ei und zuletzt mit geriebenem Weißbrot paniert und in Butter oder Fett gebacken. Dazu kann man Braten-, Holländische oder, falls erlaubt, Remouladentunke reichen.

44. Kalbfleischklößchen gebraten:

150 g von Haut und Sehnen befreites Kalbfleisch wird mit einem eingeweichten Brötchen durch den Wolf gedreht, mit 3 Eßlöffel kaltem Wasser glatt gearbeitet und mit etwas Kochsalz abgeschmeckt. Von dieser Masse werden 2 flache Klößchen geformt und mit Butter langsam, etwa 10 Minuten, auf beiden Seiten goldgelb gebraten, mit der Bratbutter begossen und mit etwas Bratentunke angerichtet.

45. Kalbfleischklößchen gekocht:

150 g von Haut und Sehnen befreites Kalbfleisch sowie ein eingeweichtes Brötchen werden zweimal durch die feinste Scheibe des Fleischwolfes gedreht und in einer Schüssel mit 4 Eßlöffel kalter Milch und ein wenig Kochsalz mittels eines Eßlöffels ganz glatt gerührt. Von dieser Masse werden mit einem Löffel kleine Klößchen geformt, in kochendem Wasser oder Fleischbrühe aufgekocht und nach dem Herausnehmen mit Frikasseetunke angerichtet. Diese Klößchen eignen sich ohne Frikasseetunke auch als Suppeneinlage.

46. Kalbfleischpudding:

Die Masse wird wie bei den Kalbfleischklößchen zubereitet und mit dem festgeschlagenen Schnee von einem Eiweiß bzw. Mileischnee (s. Nr. 149) behutsam vermengt. Alsdann wird die Masse in eine mit Butter ausgestrichene und mit Mehl bestäubte Form gefüllt und zugedeckt etwa 15 Minuten im Wasserbade gekocht. Hierzu wird eine Frikassee- oder Tomatentunke gereicht (s. Nr. 54 und 55).

47. Kalbsfrikassee:

100 g in große Würfel geschnittenes Kalbfleisch wird mit 1 Liter Wasser, Lauch, Sellerie, 1 Nelke, $^1/_2$ Lorbeerblatt und ein wenig Kochsalz etwa $1^1/_2$ Stunden gekocht. Aus der Brühe wird nach Nr. 54 eine Frikasseetunke hergestellt und mit dem Fleisch angerichtet.

48. Kalbszunge:

Eine gewaschene Kalbszunge wird mit 1 Liter Wasser, wie das Kalbfleisch bei Frikassee nach Nr. 47, etwa 2 Stunden gekocht, von der Haut befreit, in Scheiben geschnitten und mit Frikasseetunke angerichtet (s. Nr. 54).

49. Kalbshaschee:

Fertig gekochtes Kalbfleisch wird durch die feinste Scheibe des Fleischwolfes gedreht und mit Frikasseetunke (s. Nr. 54) ganz glatt und geschmeidig gerührt, so daß es die Festigkeit eines Kartoffelbreis hat. Man richtet die Masse in einer Schüssel an und gibt dazu Frikasseetunke

50. Kalbslendchen:

Ein Kalbslendchen wird in 3 bis 4 Teile geschnitten, breitgeklopft, leicht gesalzen und in Mehl gewendet, alsdann, je nach Dicke, 5 bis 10 Minuten gebraten und so angerichtet.

51. Wiener Sahnenfleisch:

100 g in Würfel geschnittenes Kalbfleisch wird gesalzen und mit Lauch und einer Möhre angedämpft. Alsdann fügt man 1 Eßlöffel Mehl und etwas Tomatenpüree hinzu, läßt das Ganze einige Minuten im Ofen ziehen, füllt mit Magermilch oder Milch auf und dämpft das Gericht ewa $1^1/_2$ Stunden im Ofen.

52. Deutsches Beefsteak:

Die Herstellung erfolgt wie bei den gebratenen Kalbfleischklößchen (s. Nr. 44) unter Verwendung von $^1/_3$ Rind, $^1/_3$ Kalb, $^1/_3$ Schwein.

53. Filetsteak:

1 Scheibe Rinderfilet wird behandelt wie Kalbslendchen (s. Nr. 50). In gleicher Weise läßt sich auch Wildfleisch (Reh, Hirschkalb) verwenden.

54. Frikasseetunke:

Man läßt 10 bis 15 g Butter zergehen und rührt diese mit 20 g Mehl glatt, füllt $^1/_8$ Liter Kalbsbrühe auf, läßt 10 Minuten kochen und bindet mit Eigelb und Milch. Alsdann schmeckt man mit einigen Tropfen Zitronensaft und etwas Kochsalz ab.

55. Tomatentunke:

Zutaten: 10 bis 15 g Butter, 25 g Mehl, 3 frische Tomaten oder 1 Kaffeelöffel voll Tomatenpüree, $^1/_4$ Liter Kalbfleischbrühe oder Gemüsebrühe.

Die ausgedrückten Tomaten werden in der Butter weichgedämpft, mit Mehl bestäubt und mit Brühe aufgefüllt. Alsdann rührt man die Masse glatt, läßt sie 10 Minuten kochen und streicht sie durch ein Haarsieb. Mit ein wenig Kochsalz und etwas Zucker abschmecken.

IV. Teigwarengerichte und Reis

56. Grießklößchen:

Zutaten: 1/8 Liter Milch, 15 g Butter, 35 g Grieß, 1 Ei, etwas Kochsalz. Man bringt die Milch mit der Butter zum Kochen, läßt den Grieß unter ständigem Rühren mit dem Schneebesen einlaufen und das Ganze 5 Minuten kochen, rührt unter die Masse 1 Ei und sticht nach dem Auskühlen kleine Klößchen in kochendem Wasser ab.

57. Butternocken:

Zutaten: 1/16 Liter Wasser, 20 g Butter, 40 g Mehl, 1 Ei, ein wenig Kochsalz.

Man läßt das Wasser mit der Butter aufkochen, schüttet das Mehl dazu und rührt mittels Spatels glatt. Alsdann nimmt man den Topf vom Feuer und fügt das Ei hinzu. Von der Masse werden kleine Klößchen in kochendem Wasser geformt, zugedeckt einmal aufgekocht, aus dem Wasser gehoben und mit etwas zerlassener Butter beträufelt.

58. Semmelklöße:

Zutaten: 2 altbackene Brötchen, 1/8 Liter Milch. 1 Ei, etwas gewiegte Petersilie.

Die Brötchen mit Rinde werden in etwa 1 cm große Stücke geschnitten und mit der kochend heißen Milch übergossen. Mittels eines Deckels leicht gepreßt läßt man das Brot einige Minuten stehen, bis dasselbe völlig durchweicht ist. Alsdann rührt man die Masse gut mit dem Ei durch und fügt ein wenig Kochsalz und etwas in Butter angeschwitzte Petersilie hinzu. Falls vom Arzt erlaubt, kann auch eine feingewiegte kleine Zwiebel mitangeschwitzt werden. Von der Masse formt man mit gemehltem Löffel Klöße in kochendes Wasser, läßt sie einmal aufkochen, zieht sie vom Feuer zurück und hebt sie nach 10 Minuten aus dem Wasser heraus.

59. Butterreis:

50 g Reis werden mit 10 bis 15 g Butter angeschwitzt, jedoch ohne zu bräunen, mit 1/4 Liter Kalbsbrühe oder Gemüsebrühe aufgefüllt. Man fügt ein wenig Kochsalz bei und läßt den Reis etwa 30 Minuten langsam im Ofen ziehen. Bei dieser Art der Zubereitung bleibt das Korn erhalten. Vor dem Anrichten wird der Reis noch mit der Gabel gelockert.

60. Nudeln, Spaghetti, Makkaroni:

Es wird auf die jeweiligen, nach Art des Fabrikates verschiedenen Kochanweisungen verwiesen, die von den Fabriken den Originalpackungen beigegeben werden.

V. Gemüse

61. Gedämpfte Spinatblätter:

250 g von den Stielen befreiter Spinat wird sauber gewaschen und auf ein Sieb zum Abtrocknen gelegt. Inzwischen läßt man etwas Butter zergehen, gibt den Spinat dazu, dämpft ihn zugedeckt etwa 10 Minuten und schmeckt ihn zum Schluß mit etwas Kochsalz ab.

62. Spinat püriert:

Der Spinat wird ohne Butter weichgedämpft und durch ein feines Sieb gestrichen oder durch den Fleischwolf gedreht. Alsdann fügt man etwas Bechameltunke (67a) hinzu. Zweckmäßig fügt man den gedämpften Spinatblättern auch etwas rohe Spinatblätter bei.

63. Salatgemüse:

Die Zubereitung ist wie Nr. 62, jedoch muß der Salat etwas länger gedämpft werden.

64. Gedämpfter Kopfsalat:

Der gewaschene Kopfsalat wird in einer Dämpfpfanne mit etwas Wasser, ein wenig Kochsalz und einem Stückchen Butter vermengt, etwa $1^1/_2$ Stunden weichgedämpft. Die Flüssigkeit, die inzwischen auf ein Bruchteil eingekocht sein muß, gießt man beim Anrichten über den Salatkopf.

65. Tomatengemüse:

250 g Tomaten werden einen Augenblick in kochendes Wasser gelegt, herausgehoben und abgezogen. Alsdann werden sie halbiert, leicht ausgedrückt und mit etwas Butter weichgedämpft.

66. Gurken in Butter gedämpft:

Eine frische Gurke wird geschält, der Länge nach halbiert, durch Ausschaben mit einem silbernen Löffel von den Kernen befreit und in etwa 5 cm lange Stücke geschnitten. Mit etwas Wasser und Butter läßt man die Gurke alsdann weichdämpfen, was in etwa 20 Minuten geschehen ist. Zum Schluß schmeckt man mit etwas Kochsalz ab.

67. Gurken in Rahm:

Zubereitung wie vorstehend. Nachdem die Gurke gar ist, bindet man sie mit etwas Bechameltunke (s. Nr. 67a).

67a. Bechameltunke:

10 g zerlassene Butter werden mit 15 g Mehl vermengt und mit $^1/_4$ Liter heißer Milch unter ständigem Rühren zum Kochen gebracht. Nach einigen Minuten Kochzeit seiht man die Tunke durch ein Sieb und schmeckt mit etwas Kochsalz ab.

68. Blumenkohl gedämpft:

Der Blumenkohl wird zerteilt, gewaschen und mit verfügbarer Butter sowie $^1/_8$ Liter Wasser, wenig Kochsalz und, wenn möglich, mit einigen Tropfen Zitronensaft in 30 bis 40 Minuten weichgedämpft. Dabei ist zu beachten, daß das Wasser restlos verdampft sein soll. Etwa verfügbare Butter wird gebräunt und beim Anrichten über den Blumenkohl gegossen.

69. Blumenkohlgemüse:

Der Blumenkohl wird gewaschen, zerteilt und mit Wasser, ein wenig Salz und evtl. etwas Zitrone weichgekocht. Angerichtet wird er mit folgender Blumenkohltunke: Man läßt Butter zergehen, verrührt dazu 40 g Mehl, füllt mit $^1/_3$ der Blumenkohlbrühe auf, läßt das Ganze einmal aufkochen, legiert mit Eigelb und richtet die Tunke über dem Blumenkohl an.

70. Glacierte Karotten (Möhren):

250 g Karotten (Mohrrüben) werden gewaschen, geschält, in Stücke geschnitten und mit Butter, etwas Kochsalz sowie $^1/_4$ Liter Wasser weichgekocht. Alsdann läßt man die vorhandene Flüssigkeit einkochen, bis die Karotten zu braten beginnen, schwenkt nochmals durch und richtet sie an.

71. Vichy-Karotten:

250 g in dünne Scheiben geschnittene Karotten werden mit Wasser bedeckt und mit etwas Kochsalz (evtl. Vichy-Salz) und Zucker weichgekocht, mit Mehlbutter gebunden und mit frischer gewiegter Petersilie bestreut. Hierzu Mehlbutter: Gleiche Gewichtsteile von Butter und Mehl werden miteinander verknetet.

72. Kohlrabi gedämpft:

2 bis 3 Kohlrabi werden geschält, in Scheiben geschnitten und mit etwas Butter, $^1/_8$ Liter Wasser und den feingewiegten Herzblättern weichgekocht.

73. Kohlrabigemüse:

Zubereitung wie Nr. 72, jedoch gibt man etwas mehr Wasser hinzu und bindet das Gemüse, nachdem es weichgekocht wurde, mit Mehlbutter (s. Nr. 71).

74. Feine Erbsen (Schoten):

200 g Erbsen werden mit Butter, wenig Wasser, etwas Kochsalz und Zucker weichgekocht. Beim Anrichten kann evtl. ein Stückchen Butter auf die Schoten gelegt werden.

75. Feine Erbsen mit Lattich:

1 Salatkopf wird in feine Streifen geschnitten, gewaschen und mit etwas Butter sowie $^1/_4$ Liter Wasser weichgekocht. Hierzu gibt man 150 g Erbsen mit etwas Kochsalz, läßt sie gar werden und bindet evtl. zuletzt mit Mehlbutter (s. Nr. 71).

76. Grüne Bohnen:

Zarte grüne Bohnen (auch Wachsbohnen) werden von Fäden befreit und in etwas Butter mit wenig Wasser sowie etwas Kochsalz weichgekocht. Auf die Bohnen legt man evtl. beim Anrichten ein Stückchen frische Butter.

77. Bohnengemüse:

Die von den Fäden befreiten Bohnen werden gebrochen oder mit dem Bohnenschneider zerkleinert, mit Wasser bedeckt und mit etwas Bohnenkraut in zugedeckter Kasserolle langsam weichgedünstet. Zuletzt bindet man evtl. das Gemüse mit Mehlbutter (s. Nr. 71).

78. Diätsauerkraut:

Etwas Butter oder Schweineschmalz wird geschmolzen. Dann fügt man 200 g Diätsauerkraut (in Reformhäusern erhältlich) dazu und bedeckt das Ganze mit Wasser. Zusammen mit 1 Lorbeerblatt und 3 Wacholderbeeren wird der Kohl $1^1/_2$ Stunden langsam gekocht. Man kann ihn zuletzt mit $^1/_2$ geriebener Kartoffel (roh) binden. Letztere muß dann noch einige Minuten mitkochen.

79. Rote-Rüben-Gemüse:

Die Rüben werden sauber gewaschen, in Wasser, ohne jeglichen Zusatz, weichgekocht, geschält und in dünne Stifte geschnitten. Die Brühe wird mit heller Mehlschwitze verkocht und dem Gemüse beigefügt. Zuletzt vervollständigt man das Gericht mit 1 Löffel Milch, etwas Kochsalz, Zucker und Zitronensaft oder etwas Weinessig.

80. Gedämpfte Gemüse:

Um den Gehalt der verschiedenen Gemüsesorten an Mineralstoffen und Vitaminen möglichst zu erhalten, können die sämtlichen Gemüsearten auch in einem Topf mit gelochtem Einsatz, dessen Boden lediglich mit kochendem Wasser bedeckt ist, gedämpft werden. Beim Anrichten können sie mit etwas Butter durchgeschwenkt oder nur mit einem Stückchen Butter versehen werden.

81. Die Rohkostplatte:

Als Grundidee für die Rohkostplatte ist folgendes zu merken:

1. Für Rohkostplatten kommen nur Vegetabilien, also Gemüse und Obst, in Frage. Als Beilage evtl. ein Stück Knäckebrot.

2. Rohkostgerichte sollen nur leicht gewürzt, evtl. mit einer leichten Mayonnaise, gereicht werden, ohne Kochsalzzusatz.

3. Die verwandten Gemüse- und Obstsorten werden gründlich gereinigt durch Waschen in fließendem Wasser, evtl. Abbürsten mit harter Bürste, jedoch niemals geschält, da wertvolle Stoffe, insbesondere Vitamine, gerade unter der Schale sitzen. Sie werden alsdann mit einer Raspel zerkleinert, wofür die Rohkostmaschine des Alexanderwerks empfohlen wird.

4. Zum Süßen verwendet man am besten Naturzucker, Honig, Frucht- oder Rübensaft.

Als Beispiel: Je eine Rohkostplatte für 12 Monate

1. Januar:

Möhren und Sellerie, feingewiegtes Weißkraut mit Zusatz von etwas Kümmel. Die verschiedenen Gemüsesorten werden mit wenig Zucker, etwas Weinessig oder Zitronensaft und wenig Öl angemacht, Möhrensalat und Selleriesalat auf Salatblättern angerichtet und der Krautsalat bukettweise dazugelegt. Das Ganze wird, wenn vorhanden, mit Feldsalat, Petersilie und Walnußkernen garniert.

Als Getränk dazu 1 Glas Tomaten- oder Rote-Beete-Saft.

Beigabe: Knäckebrot, Butter, Quark oder etwas Käse.

(Diese Vorschriften gelten sinngemäß auch für die weiteren Rohkostplatten.)

2. Februar.

Geraspelte Äpfel, mariniert mit Zitrone.

Geraspelter Sellerie mit Mayonnaise.

Geraspelte Mohrrüben mit Mayonnaise oder etwas Weinessig und Öl.

Feingeschnittene Bananen, falls vorhanden.

Getränk: 1 Glas Heidelbeermost.

3. März:

1 Schüsselchen Müsli (s. unten).

1 Schüsselchen geraspelter Blumenkohl mit Mayonnaise.

Geriebene Rote Beete mit etwas Weinessig (Zitrone), Honig und Öl angemacht.

Rohes Sauerkraut, feingeschnitten, mit einigen Tropfen heißem Öl angemacht.

Endiviensalat mit Weinessig (Zitrone), Öl.

Einige eingeweichte Backpflaumen.

(Als Getränk evtl. 1 Glas Joghurt-Milch.)

Müsli.

$^1/_3$ eingeweichte Hafer- oder Gerstenflocken, $^1/_3$ geriebene Mandeln oder Nüsse, $^1/_3$ mit Schale und Kernhaus geriebene Äpfel werden vermengt und mit 1 Löffel Honig und Milch oder Kondensmilch zur Konsistenz eines dünnen Kartoffelbreis verrührt. An Stelle des Apfels kann man auch eine zerdrückte Banane verwenden.

Als Getränk 1 Glas Johannisbeermost.

4. April.

Geraspelter Blumenkohl wird mit etwas Weinessig (Zitronensaft) und Öl angemacht, gehackte Petersilie beigefügt und in der Mitte einer Platte angerichtet. Die harten Teile werden mit gleichen Teilen Möhren, Rote Beete und Kohlrabi gerieben, mit etwas Milch, Sahne oder Quark angemacht, mit etwas Weinessig (Zitrone) und etwas geriebenem Meerrettich abgeschmeckt und um den Blumenkohl gelegt. Als Garnitur Kopfsalatblätter, Gurkenscheiben und Tomatenviertel.

Als Getränk 1 Glas Apfelsaft.

5. Mai:

1 Schüsselchen Müsli.

Ganze geputzte junge Karotten oder Möhren Gurkensalat mit etwas Schnittlauch Weinessig (Zitronensaft) und Öl.

Halbierte Tomaten, ausgehöhlt und mit geriebenem Meerrettich gefüllt, der evtl. mit etwas Milch vermischt wird. Gehackter roher Spinat mit Milch und etwas Zitrone oder saurer Sahne abgeschmeckt.

Geschnittene Äpfel und evtl. Bananen mit Zitrone (ein paar Tropfen Weinessig) und ein wenig Honig abgeschmeckt.

Als Getränk 1 Glas Kirschmost.

6. Juni:

Gut gewaschener Spinat in Streifen geschnitten und mit feingehackten Kräutern, evtl. etwas Zwiebeln, Milch (Sahne)und Zitrone (ein paar Tropfen Weinessig) abgeschmeckt, wird in der Mitte der Platte angerichtet. Feingehobelter Rotkohl mit etwas Weinessig (Zitronensaft) und Öl sowie geriebenen Äpfeln angemacht, wird abwechselnd mit rohem Sauerkraut um den Spinat gelegt. Als Garnitur dienen Spargelköpfe, ganze Radieschen und Salatherzen.

Getränk 1 Glas Sauermilch.

7. Juli:

1 Schälchen Pfirsich.

Selleriestreifen mit etwas Mayonnaise.

Gurke in Stücke geschnitten, die ausgehöhlt und mit frischen Schoten, die mit etwas Weinessig (Zitronensaft), Naturzucker und Öl mariniert werden, gefüllt sind.

Blumenkohlsalat.

Saure Kirschen, entsteint in etwas Milch.

Frische, in feinste Scheiben geschnittene Pilze, angemacht mit etwas Zitronensaft, Schnittlauch, evtl. ein wenig Zwiebeln.

Als Getränk 1 Glas Joghurt.

8. August:

Feld- und Kopfsalat strahlenförmig von der Mitte nach dem Rande angerichtet. Die entstandenen Felder sind mit Tomaten, Gurkensalat und dergleichen, ähnlich wie im Juli, anzurichten. Zur Garnierung verwendet man Blumenkohlröschen und Kerbel.

Als Getränk frischgepreßter Obstsaft.

9. September:

1 Schälchen Birnen, die ausgehöhlt und mit Melonenwürfeln gefüllt werden.

Neues Sauerkraut, evtl. mit etwas heißem Öl angemacht.

Ausgehöhlte Tomaten mit frischen Steinpilzen gefüllt, die behandelt werden, wie im Juli angegeben.

Rettichsalat.

Müsli.

Geriebene Rote Beete, die zur Hälfte mit geriebenen Äpfeln vermischt und mit etwas Zitronensaft und Honig mariniert werden.
Als Getränk frischgepreßter Tomatensaft.

10. Oktober.

Ein kleiner Berg ganz feingeschnittener Pilze, die mit etwas Zitronensaft, Öl und feingewiegten Kräutern vermischt sind, umgibt man beim Anrichten mit einem Kranz feingeriebener Äpfel, die um das Braunwerden zu verhindern, möglichst mit etwas Zitronensaft vermischt und mit Quark und geriebenem Rettig schmackhaft gemacht werden. Darum legt man Endiviensalat, ganze Radieschen und Weinbeeren.

Als Getränk frischgepreßter Traubensaft.

11. November:

1 Schüsselchen feingewiegtes Sauerkraut, evtl. mit heißem Öl angemacht. Geriebener Blumenkohl, evtl. mit Mayonnaise.

Müsli.

Geriebener Rotkohl mit etwas Zitrone, Honig und Kümmel mariniert. Eingeweichte Backpflaumen.

Gefüllte Tomaten, die mit Selleriestreifen, die mit Mayonnaise gebunden sind, gefüllt werden.

Als Getränk frischer Birnensaft.

12. Dezember:

Gewiegter Weißkohl mit Zitronensaft, Honig und Kümmel mariniert, wird sternförmig angerichtet, die entstandenen Felder mit Tomatensalat, geriebenen Äpfeln, marinierten Blumenkohlröschen, grünem Salat ausgefüllt und mit Walnußkernen garniert.

Als Getränk frischer Apfelsaft.

VI. Warme Süßspeisen

Sämtliche Süßspeisen können, falls vom Arzt verordnet, statt mit Zucker mit Traubenzucker (Dextropur) oder, wenn Zucker schlecht vertragen wird, mit Sionon hergestellt werden.

Das richtige Gelingen (Aufgehen) hängt von der sorgfältigen Behandlung der Masse ab. Der Eierschnee muß ganz steif ausgeschlagen werden. Genaues Einhalten der Backzeit ist notwendig. Wenn die Speise zu lange im Ofen bleibt, fällt sie zusammen und verliert an Aussehen und Geschmack. Aufläufe können, da sie nicht trocken sind, ohne Tunke gereicht werden.

A. Aufläufe und Omelettes

Grundmasse:

Zutaten: 20 g Butter, 20 g Zucker, 20 g Mehl, 1/8 Liter Milch, 1 Ei. Butter, Mehl, Milch und die Hälfte des Zuckers werden mittels Schneebesens glattgerührt und unter ständigem Weiterrühren auf dem Feuer einmal aufgekocht. Wenn die Masse abgekühlt ist, gibt man das Eigelb dazu und zuletzt den ganz steifgeschlagenen Schnee von 1 Eiweiß, unter den man den restlichen Zucker gemengt hat. In etwas ausgebutterter Auflaufform wird die Masse bei gelinder Hitze etwa 10 bis 15 Minuten in der Ofenröhre gebacken und sofort gereicht

82. Vanilleauflauf:

Vor dem Abrühren gibt man etwas Vanille oder statt des gewöhnlichen Zuckers Vanillezucker in die Milch.

83. Zitronenauflauf:

In die Grundmasse gibt man etwas abgeriebene Zitronenschale.

84. Orangenauflauf:

Der Grundmasse wird vor dem Abrühren die abgeriebene Schale einer halben Apfelsine beigegeben.

85. Mandelauflauf:

Der Grundmasse werden vor dem Abrühren 15 g abgezogene und feingeriebene süße Mandeln beigefügt.

86. Haselnußauflauf:

15 g geschälte Haselnüsse werden mit 15 g Zucker über dem Feuer solange gerührt bis der Zucker hellgelb geschmolzen ist. Die Masse kommt dann zum Erkalten sofort auf ein mit Öl bestrichenes Blech. Nach dem Erkalten wird sie ganz feingestoßen und der Grundmasse vor dem Abrühren beigegeben.

87. Grießauflauf:

Zutaten: Wie bei der oben angegebenen Grundmasse; nur statt 20 g Mehl die gleiche Menge Grieß. Dazu 1/4 abgeriebene Zitronenschale.

Die Milch wird mit der Butter und 10 g Zucker zum Kochen gebracht. Dann läßt man den Grieß einlaufen, das Ganze einige Minuten ziehen und gibt die Masse in eine Schüssel. Hierzu kommt ein Eigelb, die abgeriebene Zitronenschale und der festgeschlagene Schnee von einem Eiweiß, unter den man den restlichen Zucker gemengt hat. Die weitere Herstellung wie bei der Grundmasse.

88. Reisauflauf:

20 g Reis werden mit Wasser zum Kochen gebracht und sofort abgegossen. Alsdann fügt man hinzu: 1/8 Liter Milch, 5 g Zucker, 1/8 Stange Vanille oder statt dessen Vanillezucker, etwas abgeriebene Zitronenschale, und kocht nunmehr den Reis innerhalb von etwa 40 Minuten langsam weich. Inzwischen rührt man 15 g Butter mit 15 g Zucker schaumig und gibt 1 Eigelb und den abgekühlten Reis sowie den steifgeschlagenen Schnee von 1 Eiweiß und 10 g Zucker darunter.

Backzeit: etwa 15 Minuten bei mäßiger Hitze. Beigabe: Fruchttunke.

89. Reisauflauf mit Äpfeln.

Unter die vorstehende Masse gibt man 50 g Äpfel, welche vorher geschält, in Scheiben geschnitten, leicht gezuckert und mit 1 Eßlöffel Weißwein angedämpft werden.

90. Pralinenauflauf:

Unter die fertige Grundmasse gibt man 10 g Schokoladenwürfel.

Omelette:

91. Schaumomelette:

Unter den festgeschlagenen Schnee von 1 Eiweiß rührt man 15 g Zucker und schlägt ihn nochmals unter Hinzufügen von 1 Eigelb sowie evtl. etwas abgeriebener Zitronenschale. Alsdann läßt man in einer Pfanne 10 g Butter zergehen, gibt die Masse hinein und bäckt sie auf beiden Seiten schön hellgelb. Auf eine Platte gestürzt, muß die Omelette sofort gereicht werden.

92. Omelette Stefani:

Eine runde Bratpfanne wird mit Butter ausgestrichen, mit Mehl ausgestreut und mit der Auflaufgrundmasse gefüllt. Nachdem dieselbe im Ofen schön goldgelb gebacken wurde (Dauer etwa 12 Minuten), wird sie zusammengerollt in etwa zwei Finger breite Stücke geschnitten und angerichtet. Ringsum garniert man angewärmte eingemachte Früchte.

93. Omelette auf schwedische Art:

Zubereitung nach vorstehender Vorschrift, jedoch ohne die Früchte. Statt dessen überzieht man die fertige Omelette mit Weinschaum (s. Nr. 132).

94. Omelette mit Konfitüre:

1 Ei wird mit ein wenig Zucker verrührt. Inzwischen läßt man Butter in einer Pfanne heiß werden, gibt das Ei dazu, formt eine Omelette, streicht Konfitüre darauf und rollt das Ganze auf.

B. Warme Puddings

95. Grundmasse:

30 g Butter werden mit 30 g Mehl verknetet. Inzwischen läßt man knapp $1/8$ Liter Milch mit 15 g Zucker aufkochen, gibt die Mehlbutter dazu und rührt auf dem Feuer zur glatten Masse ab. Wenn die Masse abgekühlt ist, rührt man 2 Eigelb darunter und zieht zuletzt den recht steifgeschlagenen Schnee von 2 Eiweiß, dem man noch 15 g Zucker beigab, unter die Masse. Diese füllt man in eine ausgebutterte und mit Mehl bestäubte Puddingform und kocht den Pudding im Wasserbade etwa 10—15 Minuten langsam gar.

96. Schokoladenpudding:

Vor dem Abrühren fügt man 5 g Kakao oder 10 g geriebene Schokolade der Milch bei. Hierzu reicht man Vanilletunke (s. Nr. 126).

97. Vanillepudding:

In die zur Herstellung der Grundmasse benötigte Milch gibt man 1/4 Stück Vanille oder 5 g Vanillezucker. Man reicht hierzu Schokoladen- oder Zitronentunke (s. Nr. 130, 128).

98. Apfelsinenpudding:

Der Grundmasse fügt man die abgeriebene Schale einer Apfelsine bei.

99. Zitronenpudding:

An Stelle der abgeriebenen Apfelsinenschale verwendet man ebenso 1/2 abgeriebene Zitronenschale.

100. Pralinenpudding:

Unter die fertige Vanillepuddingmasse gibt man 15 g Schokoladenwürfel. Dazu reicht man eine Karameltunke (s. Nr. 130a).

101. Karamelpudding:

Der zur Herstellung der Grundmasse benötigte Zucker wird in einer Kasserolle hellgelb geschmolzen und die Milch dazugeschüttet. Hierzu reicht man Vanilletunke (s. Nr. 126).

102. Grießpudding:

Zutaten: 1/8 Liter Milch, 15 g Butter, 30 g Grieß, 30 g Zucker, 2 Eier, Zitronenabgeriebenes.

Die Milch wird mit der Butter und 15 g Zucker zum Kochen gebracht und dann der Grieß langsam eingerührt. Diese Masse läßt man einige Minuten am Herdrand ziehen und gibt sie in eine Schüssel. Nach dem Abkühlen fügt man 2 Eigelb und etwas abgeriebene Zitronenschale hinzu und zieht den mit dem restlichen Zucker vermengten, festgeschlagenen Schnee von 2 Eiweiß darunter. In eine ausgebutterte und mit Grieß ausgestreute Form gefüllt, wird der Pudding etwa 15 Minuten im Wasserbade gekocht. Dazu wird eine Fruchttunke (s. Nr. 131) gereicht.

103. Mailänder Pudding:

Zutaten: 20 g Butter, 20 g Zucker, 20 g Mehl, 1 Ei, abgeriebene Schale von 1/4 Zitrone, 25 g ausgesteinte Sauerkirschen.

Die Butter wird mit der Hälfte des Zuckers und dem Zitronenabgeriebenen schaumig gerührt. Hierzu fügt man 1 Eigelb und den mit dem restlichen Zucker verrührten steifgeschlagenen Schnee von 1 Eiweiß, gibt dann behutsam das Mehl unter die Masse und vermischt sie mit den Sauerkirschen. In einer ausgebutterten und mit Mehl ausgestäubten Form wird der Pudding etwa 15 Minuten im Wasserbade gekocht und mit einer Bischofstunke (s. Nr. 131a) gereicht.

104. Quarkpudding:

Zutaten: 20 g Quark, 1 Weißbrötchen, 10 g Butter, 20 g Zucker, 1 Ei, 1/4 abgeriebene Zitronenschale.

Die Butter wird mit dem Zucker und dem Zitronenabgeriebenen schaumig gerührt. Alsdann gibt man das Eigelb, den Quark und die eingeweichte Semmel dazu und zieht den festgeschlagenen Eierschnee darunter. In einer ausgebutterten Form wird der Pudding im Wasserbade in etwa 15 Minuten gargekocht und mit einer Zitronentunke (s. Nr. 128) gereicht.

105. Tapiokapudding:

Zubereitung wie Grießpudding. An Stelle von Grieß wird Tapioka oder Sago in der Milch ausgekocht.

106. Biskuitpudding:

Ein ganzes Ei, 1/6 Liter Milch, 15 g Zucker und etwas Zitronenabgeriebenes werden gut verrührt und in eine mit 1 cm großen Würfeln von Biskuit oder Sandkuchen gefüllte Puddingform gegossen, so daß die letzteren von der Flüssigkeit bedeckt sind. Der Pudding wird im Wasserbade so lange gekocht, bis die Eiermilch gestockt ist. Dazu wird Weinschaum (s. Nr. 132) gereicht.

107. Brot- und Butterpudding:

2 bis 3 Weißbrotscheiben werden mit zerlassener Butter beträufelt, im Ofen auf beiden Seiten hellgelb geröstet und in eine Porzellanbackform gelegt. Dann werden 1 Ei, 15 g Zucker, 1/6 Liter kalte Milch und 1/4 abgeriebene Zitronenschale verrührt und über das Brot gegossen. Falls vom Arzt erlaubt, können auch einige Rosinen beigefügt werden. In einer Pfanne mit kochendem Wasser wird der Pudding dann im Ofen zum Stocken gebracht und vor dem Auftragen mit Puderzucker bestäubt.

108. Eierrahm:

1 Ei, 1/4 Liter Milch, 25 g Zucker und eine halbe abgeriebene Zitronenschale werden verrührt und in eine Backform gefüllt. Im Wasserbade wird der Pudding zum Stocken gebracht, so daß er eine hellgelbe Decke bekommt. Er kann warm oder kalt gereicht werden.

C. Weitere warme Süßspeisen

109. Ananas auf Gräfin-Art:

Zwei in Kompottsaft getränkte Zwiebackscheiben werden auf einer Platte mit einer warmen Ananasscheibe belegt und mit Weinschaum (s. Nr. 132) überzogen.

110. Pfirsich auf flämische Art:

1/2 Pfirsich wird auf rundem Sandkuchen (s. Nr. 111) angerichtet und mit Vanilletunke (s. Nr. 126) übergossen. Hierauf garniert man 1/2 Kirsche.

111. Sandkuchenmasse:

Getrennt werden 1 Ei mit 50 g Zucker und 50 g Butter mit 125 g Mehl und 25 g Mondamin schaumig gerührt. Die beiden Massen werden dann zusammengerührt, in kleine mit Butter ausgestrichene flache Förmchen gefüllt und bei mäßiger Hitze gebacken. Vanille (Vanillezucker) oder Zitronenabgeriebenes erhöhen den Wohlgeschmack des sehr leichten, auch für Kranke geeigneten Gebäcks.

VII. Kalte Süßspeisen

112. Mondaminflammeri:

Zutaten: 1/8 Liter Milch, 15 bis 20 g Mondamin (Maizena, Weizenin), 1 Eiweiß, 25 g Zucker.

Die Milch wird mit der Hälfte des Zuckers zum Kochen gebracht, das Mehl mit 1 Eßlöffel kaltem Wasser klar gerührt und mittels Schneebesen in die Milch gerührt. Auf dem Feuer läßt man diesen Brei einmal aufstoßen und stellt ihn zugedeckt beiseite. Alsdann wird der steifgeschlagene, mit dem restlichen Zucker vermengte Schnee von 1 Eiweiß innig mit dem Brei vermengt. Das Ganze füllt man in eine Glasschüssel, läßt den Flammeri erkalten und reicht ihn mit Fruchtsaft.

113. Vanilleflammeri:

In die Milch gibt man etwas Vanille oder Vanillezucker. Die Zubereitung im übrigen wie vorstehend.

114. Schokoladenflammeri:

Der Milch gibt man einen Kaffeelöffel Kakao oder geriebene Schokolade bei. Zubereitung wie Mondaminflammeri.

115. Fruchtflammeri:

An Stelle der Milch verwendet man 1/16 Liter Fruchtmark und 1/16 Liter Wasser. Im übrigen ist die Zubereitung wie Mondaminflammeri, nur verwendet man 5 g Mondamin mehr als dort angegeben.

116. Grießflammeri:

Zutaten: 1/4 Liter Milch, 25 g Grieß, 20 g Butter, 20 g Zucker, 1 Eigelb, etwas Zitronenabgeriebenes.

In die mit der Butter und dem Zucker zum Kochen gebrachte Milch läßt man den Grieß langsam einlaufen, kocht die Masse 4 Minuten, fügt das Eigelb und das Zitronenabgeriebene hinzu und füllt die Masse in eine mit Wasser ausgespülte Form. Nach dem Erkalten wird die Form einen Augenblick in warmes Wasser getaucht und umgestürzt. Man reicht dazu eine Fruchttunke (s. Nr. 131).

117. Vanillekrem:

Zutaten: 1/8 Liter Milch, 25 g Zucker, 1 Ei, etwas Vanille oder statt des Zuckers Vanillezucker, 1 1/2 Blatt Gelatine, 1 gestrichener Kaffeelöffel Mondamin oder dergleichen.

Die Hälfte des Zuckers wird mit einem Eigelb und dem Mondamin verrührt. Hierzu gibt man die heiße Milch mit der Vanille (Vanillezucker) und läßt die Masse unter ständigem Rühren am Feuer zum Kochen bringen, jedoch nicht kochen. Hierzu gibt man die in kaltem Wasser eingeweichte Gelatine. Alsdann stellt man das Ganze in kaltes Wasser, bis die Masse zu stocken beginnt, und zieht nunmehr den mit dem restlichen Zucker festgeschlagenen Schnee von einem Eiweiß darunter. Hierbei ist von Wichtigkeit, darauf zu achten, daß die Grundmasse, bevor man den Eierschnee hinzufügt, auch tatsächlich am Stocken ist. Sonst löst sich das Eiweiß auf und der sämige Charakter des Krems geht verloren. In einer Glasschüssel oder Kremform läßt man die Speise bis zum Gebrauch kalt stellen. Vor dem Anrichten wird die Schüssel kurz in heißes Wasser getaucht und gestürzt.

118. Schokoladenkrem:

Der Milch fügt man etwas Kakao oder Schokoladenpulver bei, im übrigen ist die Zubereitung wie bei Vanillekrem (s. Nr. 117).

119. Mandelkrem:

Unter den Vanillekrem gibt man vor dem Abrühren 15 g abgezogene feingeriebene Mandeln.

120. Pralinenkrem:

Dem fertigen Vanillekrem gibt man vor dem Einfüllen 25 g Schokoladenwürfel bei.

121. Weinkrem:

Zutaten: 1 Eigelb, 1 Eiweiß, 30 g Zucker, $^1/_{16}$ Liter Weißwein, $^1/_{16}$ Liter Wasser, Saft von $^1/_4$ Zitrone, etwas Zitronenabgeriebenes, $1^1/_2$ Blatt Gelatine. Man löst die Gelatine in kaltem Wasser auf, schlägt das Eigelb mit der Hälfte des Zuckers, dem Weißwein, Wasser und der Zitrone auf gelindem Feuer schaumig, fügt die aufgeweichte Gelatine hinzu und stellt das Ganze kalt, bis die Masse stockt. Zuletzt gibt man den mit dem restlichen Zucker steifgeschlagenen Eierschnee darunter und verfährt weiter wie bei Vanillekrem (s. Nr. 117).

122. Karamelkrem:

Zutaten: 30 g Zucker, $^1/_8$ Liter kalte Milch, 1 Ei.

Der Zucker wird in einer Kasserolle hellgelb geschmolzen, mit der kalten Milch aufgefüllt und zum Kochen gebracht. Dann wird ein Ei verrührt und die heiße Milch unter ständigem Rühren aufgefüllt. Die Masse wird in kleine Formen gegossen und etwa 20 Minuten in dem heißen Wasserbade warmgehalten, am besten im Ofenrohr, wobei zu beachten ist, daß das Wasserbad nicht kocht, da sonst der Krem aufbläht. Nach dem Erkalten werden die Formen gestürzt.

123. Kaffeekrem:

Man läßt 15 g gemahlenen Kaffee mit 1/4 Liter kochender Milch einige Minuten ziehen, seiht durch und verfährt alsdann wie bei Vanillekrem angegeben (s. Nr. 117).

124. Fruchtkrem:

Nach dem folgenden Rezept lassen sich sämtliche Fruchtkrems herstellen (Erdbeer-, Himbeer-, Johannisbeer-, Aprikosen-, Pfirsich-Krem usw.).

Zutaten: 1 Eigelb, 1 bis 2 Eiweiß, 1/8 Liter Fruchtmark, 1/8 Liter Milch, 60 g Zucker, 3 Blatt Gelatine, 1 Messerspitze Mondamin od. dgl.

Das Eigelb wird mit 30 g Zucker und dem Mondamin verrührt und mit der kochenden Milch aufgefüllt. Alsdann läßt man am Feuer unter ständigem Rühren die Masse zum Kochen kommen und mischt 2 Blatt aufgelöste Gelatine darunter. Diese Masse wird kalt gestellt. Inzwischen hat man das Fruchtmark angewärmt und 1 Blatt Gelatine darin aufgelöst. Auch diese Flüssigkeit wird kalt gestellt. Sobald beide zu stocken beginnen, rührt man den mit dem restlichen Zucker recht festgeschlagenen Schnee von 1 bis 2 Eiweiß darunter und füllt den fertigen Krem in Formen ab.

125. Fruchtkrem, zweite Art (einfacher):

Zutaten: 1/8 Liter Fruchtmark, 1/8 Liter Wasser, 50 g Zucker, 3 Blatt Gelatine, 2 Eiweiß.

Der Zucker wird mit dem Fruchtmark und Wasser verrührt, gut angewärmt und in dieser Grundmasse die Gelatine aufgelöst. Nachdem die Flüssigkeit erkaltet und zum Stocken gebracht ist, zieht man den festgeschlagenen Eierschnee darunter und füllt den Krem ab. Es wird nochmals darauf hingewiesen, daß an Stelle von Eiweiß auch Milei verwendet werden kann. Man nimmt auf 50 g Wasser 1 Kaffeelöffel voll Milei.

VIII. Tunken für Süßspeisen

126. Vanilletunke:

40 g Zucker werden mit 1 Ei sowie 1 Kaffeelöffel voll Mondamin oder ähnlichem gut verrührt und mit 1/4 Liter kochender Milch, der man 1/4 Vanillestange beigegeben, aufgefüllt. Das Ganze wird auf dem Feuer zusammen abgerührt, bis die Tunke anfängt einzudicken.

127. Vanilletunke ohne Ei:

Vanilletunke kann auch ohne Ei hergestellt werden, indem man etwas mehr Mondamin oder Krempulver verwendet, die obengenannten Substanzen mit 1 Eßlöffel kalter Milch verrührt und zuletzt die kochende Milch zugießt.

128. Zitronentunke:

Zubereitung wie Vanilletunke. Unter die fertige Tunke rührt man das Abgeriebene einer Zitrone. Die Tunke darf nicht zum Kochen gebracht werden, da sie sonst durch die Fruchtsäure gerinnen würde.

129. Apfelsinentunke:

Zubereitung wie Zitronentunke.

130. Schokoladentunke:

Zubereitung wie Vanilletunke (s. Nr. 126). Man gibt zu der Milch 20 g geriebene Schokolade oder 1 Kaffeelöffel Kakao.

130a. Karameltunke:

25 g Zucker werden in einer Kasserolle auf dem Feuer goldgelb geschmolzen mit $^1/_8$ Liter kalter Milch aufgefüllt und zum Kochen gebracht. Nach der Auflösung des Zuckers zieht man die Tunke mit 5 g glattgerührtem Mondamin oder ähnlichem ab.

131. Fruchttunken:

Fruchtsäfte oder passierte Früchte werden mit Wasser verdünnt, nötigenfalls gesüßt, zum Kochen gebracht und mit etwas klargerührtem Mondamin oder ähnlichem abgezogen.

131a. Bischofstunke:

$^1/_{16}$ Liter Himbeersaft, $^1/_{16}$ Liter Wasser, $^1/_{16}$ Liter Rotwein, 5 g Vanillezucker, ein wenig Zimt, $^1/_2$ Nelke und etwas Zitronenschale werden zum Kochen gebracht. Dann zieht man mit einem halben Kaffeelöffel Mondamin oder dergleichen ab, läßt nochmals aufkochen und seiht die Tunke durch ein Sieb.

132. Weinschaum:

1 Ei, 30 g Zucker, $^1/_{16}$ Liter Weißwein, $^1/_{16}$ Liter Wasser, Saft von $^1/_4$ Zitrone und etwas Zitronenabgeriebenes werden in einer Emailleschüssel gut verrührt und dann in kochend heißem Wasserbade so lange geschlagen, bis die Masse dick von der Rute läuft.

132a. Gestockte Mandelmilch (Blanc manger):

$^1/_8$ Liter Milch wird mit 20 g Zucker und 10 g abgezogenen feingeriebenen Mandeln aufgekocht. Hierzu gibt man einen Tropfen Bittermandelextrakt und $1^1/_2$ Blatt aufgelöste Gelatine. Alsdann füllt man die Masse in eine Glasschüssel und läßt sie erkalten.

133. Buntes Milchgelee:

In $^1/_4$ Liter heiße Milch werden $2^1/_2$ Blatt aufgelöste Gelatine und 30 g Zucker getan. Die Hälfte dieser Milch wird mit Vanille vermischt (bzw. statt mit Zucker und Vanille mit Vanillezucker) und in einer Glasschüssel zum Stocken gebracht. Hierauf gießt man die restliche Milch, der man vorher einen Tropfen Bittermandelextrakt sowie einen Tropfen Orangenrot beigegeben hat, und läßt das Ganze erkalten.

134. Rotweingelee:

$^1/_8$ Liter Rotwein, $^1/_8$ Liter Wasser, 50 g Zucker, der Saft von einer halben Zitrone werden mit $2^1/_2$ Blatt aufgelöster Gelatine auf dem Feuer gut erhitzt, ohne zu kochen, abgeschäumt, in Glasschüsseln gefüllt und gekühlt.

135. Weißweingelee:

Zubereitung wie Rotweingelee, nur daß statt Rotwein Weißwein verwendet wird.

136. Zitronengelee:

1/4 Liter Wasser, 40 g Zucker, der Saft einer Zitrone, 2 1/2 Blatt aufgelöste Gelatine werden zusammen erhitzt. Alsdann schäumt man die Masse ab, füllt sie in eine Schüssel und kühlt sie.

137. Apfelsinengelee:

Zubereitung wie Zitronengelee, nur verwendet man statt der Zitrone den Saft einer Apfelsine.

138. Apfelschaumspeise:

125 g Apfelmus werden mit Schnee von einem Ei vermengt, in einer Glasschüssel angerichtet und gekühlt.

139. Rote Grütze:

100 g Fruchtmark (Erdbeeren oder Johannisbeeren), oder wenn möglich frische Früchte, 50 g Himbeersaft, 50 g Rotwein, 100 g Wasser und 30 g Zucker werden zum Kochen gebracht. Dann läßt man 15 g Sago etwa 10 Minuten lang darin auskochen und bindet mit einem gestrichenen Kaffeelöffel aufgelösten Mondamins oder dergleichen. Die Masse wird in Glasschüssel eingefüllt, gekühlt und mit Vanilletunke (s. Nr. 126) aufgetragen.

IX. Breie

140. Mondaminbrei:

In 1/4 Liter kochende Milch (Magermilch) gibt man 1 Eßlöffel Zucker oder Traubenzucker und rührt dazu 30 g Mondamin oder dergleichen, welches vorher mit 3 Eßlöffel kaltem Wasser glattgerührt wurde. Man läßt den Brei einmal aufkochen und bis zum Gebrauch heiß stellen.

141. Mondaminbrei mit Eierschnee:

Zubereitung wie vorstehend, jedoch zieht man unter den Brei, der kochend heiß sein muß, ein festgeschlagenes Eiweiß.

142. Grießbrei:

In 1/4 Liter kochende Milch rührt man 25 g Grieß, läßt 5 Minuten kochen, alsdann fügt man etwas frische Butter und Zucker hinzu, evtl. Dextropur.

143. Grießbrei mit Eierschnee:

Zubereitung wie vorstehend. Unter den kochend heißen Brei zieht man den festgeschlagenen Schnee von einem Eiweiß.

144. Tapiokabrei — Sagobrei:

Zubereitung wie Grießbrei. Man nimmt 25 g Tapioka oder Sago auf 1/4 Liter Milch.

145. Hirsebrei:

60 g Hirse werden in Wasser gewaschen, mit 1/3 Liter Milch und etwas Zucker (Dextropur) oder Salz in etwa 30 Minuten langsam ausgekocht.

146. Buchweizengrütze:

Zubereitung wie Hirsebrei.

147. Reisbrei:

50 g Reis werden mit reichlich Wasser einmal aufgekocht, abgeschüttet und mit 1/3 Liter Milch aufgefüllt. Alsdann läßt man den Reis mit 40 g Zucker und etwas Vanille (Dextropur, Vanillezucker) etwa 1 Stunde lang langsam ausquellen.

148. Haferbrei.

Man stellt 40 g Haferflocken mit 1/4 Liter kaltem Wasser aufs Feuer und läßt sie 5 Minuten bei öfterem Umrühren kochen.

149. Verwendung von Milei als Ersatz für Hühnereier:

Ein gehäufter Kaffeelöffel Milei (Milcheiweiß) wird mit 50 g kaltem Wasser vermengt und zu steifem Schnee geschlagen. Dieser Schnee kann statt Eiweißschnee Verwendung finden.